KB165271

빅데이터로 직업을 고른다면

빅데이터로
직업을 고른다면

07 지식 +진로

신지나 지음

구글부터 테슬라까지 10대가 꼭 알아야 할 4차 산업혁명

다른

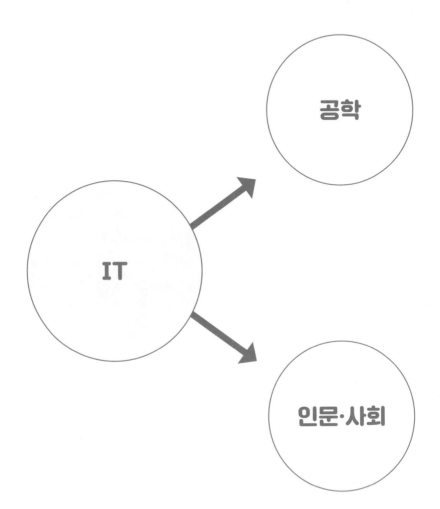

창의공학 에너지공학

정보통신기술 스마트시티

미디어사회학 미래학

인공지능

인공지능 개발자

로봇공학자

사물인터넷

웨어러블 기기 디자이너

사물인터넷 프로그래머

스마트시티

→ 도시 재생 전문가

→ 에너지 설계 전문가

자율주행

→ 자율주행차 관련 전문가

→ 자동차 소프트웨어· 콘텐츠 개발자

정보관리

→ 빅데이터 전문가

→ 정보 보안 전문가

들어가며

│ 새로운 시대에 새로운 꿈을 꾸게 될 여러분에게

"돈 많이 버는 유튜버가 꿈이에요." "안정적인 공무원이 되고 싶어요." 꿈이 무엇이냐는 질문에 이같이 답하는 청소년을 어렵지 않게 만날 수 있다. 개인방송을 하면서 손쉽게 돈을 버는 것처럼 보이는 유명한 유튜버가 꿈인 초등학생, 그리고 어느 정도 현실을 이해하게 되어 정년이 보장된 공무원이 되면 좋겠다고 생각하는 대학생의 마음을 이해하지 못하는 것도 아니다. 그렇다면, 이들의 꿈은 과연 이루어질 수 있을까? 그리고 그들이 생각하는 것만큼 돈을 많이 벌거나 은퇴할 때까지 안정적일 수 있을까?

우리는 이른바 4차 산업혁명 시대에 사는 첫 세대다. 이전에는 겪어 보지 못한 첨단의 세상을 살아가는 우리의 삶은 앞의 질문과 어떤 연관이 있을까? 이와 관련된 궁금증을 하나씩 풀어 가면서 우리가 살아가야 할 미래 사회를 어떻게 준비해야 하는지에 대해 접근해 보고자 한다.

4차 산업혁명이라는 말은 한국에 사는 우리에게는 이미 익숙한 용어다. 그러나 그 용어가 우리 곁을 강타한 지는 그다지 오래되지 않았다. 2016년 봄, 서울 광화문의 한 화려한 호텔에서 벌어진 바둑 천재 이세돌 9단과 구글의 인공지능 컴퓨터 알파고의 대국에서부터 시작한다고 볼 수 있다. 바로 이 대국에서 우리를 놀라게 한 것은 공상과학소설에서나 볼 법한 인공지능 컴퓨터의 등장이었다. 그리고 당시로서는 충격적이게도 인간계의 최정상 바둑기사가 패배한 일은 연일 매스컴에 오르내릴 정도로 세간의 이목을 집중시키기에 충분했다.

그렇다면 무엇이 자신의 일만으로도 바쁜 현대인의 관심을 사로잡은 것일까? 그것은 여러 가지로 설명될 수 있지만, 무엇보다 이전에는 막연히 내 삶과 동떨어진 첨단기술인 줄만 알고 지나쳐버린 인공지능 컴퓨터가 바둑과 같이 쉽게 접할 수 있는 게임의 세계까지도 넘보고 있다는 점에서 느껴지는 당혹감이었을 것이다. 인공지능의 등장이 이제는 가까운 공포가 될 수 있다는 것을 부인할 사람은 없을 것이다. 사람들의 공포나 불안을 조장해서 관련된 상품을 판매하고 투기를 부추기는 이른바 공포 마케팅은 예전부터 유행해 왔다. 그렇다면 인공지능으로 인한 몇 년 전 충격을 단순한 공포 마케팅의 산물이라고만 할 수 있을까? 2020년대를 사는 우리는 이미 알고 있다. 당시의 신선하고도 다소 오싹했던 경험이 이제는 우리 생활 곳곳에서 나타나 더 이상 생소하거나 놀랍지는 않다는 것을 말이다.

우리가 살고 있는 세계는 인공지능 기반하에 사물인터넷으로 촘촘히 연결되어 있다. 이러한 센서들로 모아진 기초 자료는 빅데이터 분석을 통해서 도시의 삶뿐 아니라 산골 오지의 삶을 변화시키는 데 스며들고 있다. 대표적으로 인공지능이 탑재된 드론을 통해서 깊은 산속의 조난자를 지체 없이 찾아내고, 가까운 외상전문 병원으로 급송하는 동안 환자의 상태를 점검하고 의료데이터 검색을 동시에 진행할 수 있는 연계 시스템이 실험 중에 있다. 이 과정에서 신속하게 조난자의 기존 지병을 파악해 병원 도착 즉시 환자에게 맞춤형 응급치료가 진행되도록 하는 일이 조만간 가능해질 것이다. 이러한 스마트헬스케어는 각국 정부의 지원으로 활발하게 연구개발이 진행되고 있다.

과거에는 6,000번에서 많게는 1만 번 이상의 공정을 거쳐서 출고되던 자동차 산업의 지형 변화에서도 이런 변화를 쉽게 목격할 수 있다. 자동차 산업에서 자동화는 이미 3차 산업혁명 시대부터 고용과 맞물려 산업국가의 주요 이슈로 부상되기 시작했다. 그러나 이제는 기계냐 인간이냐 하는 피할 수 없는 현실적인 문제로 우리 삶에 중대한 선택을 요구하고 있다. 적어도 제조 분야에서는 인간의 고용에 상당 부분 타격을 입히고 있는 것만은 분명한 사실이다. 실제로 크라이슬러를 포함한 수많은 회사에서 자동차 조립 공정에 사람 대신 인공지능 로봇을 투입한 지는 여러 해가 지났다. 인공지능 로봇의 사용은 단지 짧은 시간 동안 많은 자동차를 생산해 내는 데 있지 않다. 종종 발생할 수 있는 인간의 실수를 0에 가깝도록 낮추고 있다는 데 더 위기감을 느껴야 할 것이다. 즉, 사람보다 기계가 잘하는 영역이 늘고 있다는 것이다. 더 가까운 예로 미국의 아마존은 몇 년 전부터 '사람 없는 편의점' 아마존 고를 운영 중이다. 이용자가 카트에 원하는 물품을 담기만 하면, 기존에 등록된 결제 시스템으로 판매 직원을 대면하지 않고도 결제까지 무인 처리로 마치고 나오는 것이다. 동시에 빅데이터를 이용해 시간대별, 요일별로 고객이 많이 찾는 물품의 재고를 확인하고 알맞은 때에 비치하는 일까지 이루어져서 소비자에게는 비대면의 편리함을, 편의점 주인에게는 인건비의 부담을 줄일 수 있는 방안으로 떠오르고 있다. 최근 코로나19와 같은 바이러스 전파 우려로 비대면 마케팅이 강화되고 있고, 요즘 같은 언택트 시대실제로는 논콘택트non-contact 시대가 더 적절한 표현에 가깝지만에, 무인상점을 찾는 사람은 폭발적으로 증가하고 있다.

그렇다면 우리는 이러한 4차 산업혁명의 변화를 소비자 입장에서만 경험하게 될까? 물론 답은 '그렇지 않다'이다. 소비자인 동시에 생산자로서 우리를 알아 가는 데 익숙해져야 한다. 우리가 자동차를 구매하는 소비자일 수도 있지만, 우리 중 누군가는 자동차를 제조하는 생산자일 수도 있기 때문이다. 앞으로 디지털 사회에서는 이전의 산업시대처럼 제조와 소비로 명확히 경계가 나뉘지 않고 소비를 하면서 생산자가 되는 일이 빈번하게 발생할 것이라고 전문가들은 전망한다.

4차 산업혁명이 주는 시사점은 기존 1, 2, 3차 산업혁명과 다른 분명한 차이가 있다. 그것은 바로 이전의 농업, 공업, 상업 등의 영역이 흐릿해지고, 전문가들이 쌓아 올린 높은 벽도 무너진다는 것이다. 이를 우리는 4차 산업혁명 시대에 가장 중요하게 여기는 '융합'이라는 개념으로 부르고 있다. 예를 들어서 전쟁에 참여한 후유증으로 고통을 받는 퇴직 군인을 위해서 정신과 의사, 게임 전문가, 미디어 전문가, 통증의학 전문가 등이 협업해 가상현실 프로그램을 제작하고 심리치료를 돕는 사례도 있다. 이러한 전문가들의 경험과 지식의 융합을 통해서 이전에는 꿈꾸지도 못했던 도전을 가능하게 해주는 것이 최근 4차 산업혁명의 특징이라고 할 수 있다.

따라서 미래 직업을 이야기할 때, 돈을 많이 버는 유튜버나 안정적인 공무원으로 단정하던 시기는 지나가고 있음을 인지해야 한다. 21세기 전에 확립된 기성 학문의 뚜렷한 경계는 점차 다른 학문과의 교류로 그 선이 확장되거나 흐려질 것이며, 무엇보다 인간 수명의 연장으로 단선형적교육-취직-은퇴이었던 기존의 인생 계획은 100세 또는 120세를 사는 우리의 청소년에게는 더 이상 맞지 않는 틀이 되어 버린 것이다. 안정적인 공무원으로 사회생활을 시작했던 청년이 자신의 취직 경험을 녹여서 인기 유튜버가 될 수도 있으며, 나아가 유튜버로서 얻게 된 노하우로 책을 출판하거나 온라인 비즈니스를 시작할 수 있고, 점차 전 세계에 있는 사람들과 소통해 관심 있는 사회의 문제를 해결하는 데 기여할 수도 있다. 이와 같이 지금까지는 상상하지 못했던 다양한 진화가 이루어질 수도 있다. 미래가 정해져 있지 않다는 점이 우리를 설레게 한다. 내 미래가 어떻게 변할지에 대한 작은 관심에서부터 진정한 변화가 시작될 수 있다. 이때 이웃과 협동할 수 있는 자세를 가진다면 바람직한 방향으로 나아갈 수 있을 것이다.

우리는 4차 산업혁명이란 말이 떠오르게 하는 날카로운 어감으로 인해 따뜻한 휴머니즘이 실종된 회색의 SF영화 배경을 떠올릴 수 있다. 그러나 우리에게 이미 친숙해진 과학기술 중 상당수가 처음에는 몸이 아프거나 소외된 사람들의 삶을 편리하게 도와주는 데서 출발했다는 점을 잊으면 안 될 것이다. 휴머니즘에 바탕을 둔 4차 산업혁명 기술의 접목이야말로 미래의 더불어 사는 세상을 위한 첫걸음이 될 것이며, 이 책을 읽는 여러분이 아낌없는 노력과 투자를 통해서 한 걸음 더 나은 사회를 만드는 데 기여하게 되기를 바란다.

이 책을 통해 이제 가깝게 다가온 미래 세상의 주요 트렌드를 이해하고 우리 자신이 가진 꿈과 어떻게 맞추어 갈 수 있는지 탐색하는 여행을 시작하고자 한다. 이 여행이 끝날 즈음에는 우리의 미래에 대한 설렘이 확신으로 변화되기를 바란다.

차례

1장 인공지능과 함께 살기

. . . .

2장 세계를 연결하는 사물인터넷

3장 지금은 신재생에너지 시대

4장 제3의 공간 자율주행차

5장 데이터가 왕이다, 빅데이터

1장

인공지능과
함께 살기

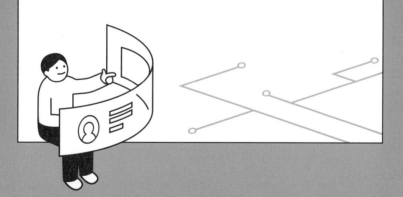

다양한 글로벌기업이 인공지능 분야에 진출하고 있다.
앞으로는 인간을 닮은 로봇에게 심리 상담을 받고,
미래 직업을 상의하는 시대를 살아갈 것이다.

인공지능 시대의 우등생

21세기 빅브라더가 된 구글

우리가 사는 21세기를 흔히 데이터 시대, 다른 말로 정보화사회라고 한다. 정보화라는 단어를 들으면 긍정적인 면을 떠올리기 전에 빅브라더 같은 무시무시한 감시자를 연상하게 된다. 그러나 최근에는 다양한 범죄로부터 지켜 주고, 응급 상황에 생명을 구해 주는 등 정보화사회의 실용적인 측면이 많이 이야기되고 있다. 오늘날에는 ICT 기반의 빅브라더를 어렵지 않게 찾을 수 있다.

빅브라더Big Brother

영국 소설가 조지 오웰의 소설 《1984》에 등장하는 감시자를 말한다. 소설 속에서 빅브라더는 텔레스크린을 이용해 사회를 구석구석 끊임없이 감시한다. 오늘날에는 정보를 독점하고 이를 이용해 사회를 통제하는 관리 권력, 또는 그러한 사회체계를 일컫는 말로 쓰인다.

그렇다면 2020년대에 가장 주목받는 정보화 기업은 어디일까? 바로 휴대폰에서 검색창을 누르면 만나게 되는 세계 최고의 인터넷기업, 구글이다.

구글은 1998년도에 창업한 비교적 젊은 기업이다. 시작할 당시에 안드로이드OS라는 모바일 운영체제를 개발했으며, 어느 제조사의 제품에서도 연동만 하면 동영상을 포함한 다양한 애플리케이션을 사용할 수 있도록 개방했다. 안드로이드는 현재까지도 대표적인 모바일플랫폼으로 인정받으며 세계 각국에서 폭넓게 사용되고 있다. 구글은 안드로이드라는 편리한 플랫폼에 힘입어 짧은 시간에 많은 사용자를 확보했고, 검색서비스와 지도서비스를 시작으로 인공지능을 이용한 다양한 영역까지 사업을 확장하고 있다. 구글은 4차 산업혁명의 대표기업으로 불리며 빅데이터, 인공지능, 자율주행차 등 최첨단 기술을 활용한 시도와 도전을 멈추지 않고 있다. 이러한 노력 덕에 2020년 초 구글 모회사인 알파벳의 기업가치가 1조 달러를 돌파했다. 구글은 애플, 마이크로스프트, 아마존에 이어 4위에 올랐다. 창립 20여 년 만에 전 세계적인 기업으로 우뚝 선 것이다.

인공지능 시대에 구글에 주목해야 하는 특별한 이유가 있을까? 단순히 기업가치나 검색의 광고수익 때문은 아니다. 더욱 근본적으로 구글의 핵심 영역인 플랫폼에 대해 생각해 보자.

흔히 인공지능 시대는 승자독식 사회가 될 것이라고 말한다. 이는 인터넷 시대부터 많은 이가 우려하던 점으로, 인공지능의 수준이 높아질수록 구글과 같은 일부 기업의 영향력이 커지며 이익을 독점하게 된다는 암울한 전망이기도 하다.

인터넷이 우리 삶에 깊숙이 파고들기 시작한 초기에는 어떤 포털로 고객을 모으는지가 중요한 성공 지표였다. 고객이 '검색하고, 놀잇감을 찾고, 쇼핑하는' 플랫폼에서 수없이 많은 데이터가 만들어지기 때문이다. 안드로이드OS를 운영시스템으로 삼은 구글은 플랫폼 전쟁에서 현재까지 승자의 자리에 앉아 있고, 나아가 그 데이터를 자유자재로 활용해 사업 영역을 확대하고 있다.

• 구글로 여는 우리의 아침

아침 7시에 안드로이드 휴대폰으로 설정한 알람 덕분에 잠에서 일어난다. 학교에 가기 전에 인공지능 스피커인 구글 어시스턴트로 날씨를 확인하고 입을 옷을 준비한다. 자유학기 수업에 사용할 자료를 찾기 위해 구글 검색을 하고, 구글이 얼마전 인수한 핏빗의 스마트워치를 찬 뒤 유튜브를 통해서 간밤에 올라온 재미있는 클립을 보면서 학교로 향한다.

우리는 이미 구글과 함께 살아가고 있다. 구글의 서비스가 없는 생활을 상상하기 어려울 정도다. 정보를 찾을 때뿐 아니라 운동할 때, 공부할 때, 게임할 때, 건강을 관리할 때도 알게 모르게 구글의 서비스를 사용한다. 더구나 구글은 미래 차인 자율주행차 분야에서도 두각을 나타내며 미래의 생활로 가는 길을 탄탄히 마련해 놓고 있다.

프롤로그에서 언급했듯 이세돌 9단과 바둑 대결을 한 알파고 역시 구글의 인공지능 전문회사 딥마인드의 기술이다. 구글은 2014년도에 약 5억 달러를 주고 딥마인드를 인수했다. 구글은 이세돌과 알파고의 대국으로 1,000억 달러 이상의 홍보 효과를 누렸다. 이후 본격적으로 인공지능 관련 사업에 뛰어들어 투자와 인수합병을 적극적으로 진행하고 있다. 2019년에는 사용자의 체온, 혈압, 심박수, 운동량 등을 관리해 주는 웨어러블 기기 회사 핏빗을 인수하며 인공지능 관련 분야에서 앞장서고 있다.

> **인수합병 M&A**
>
> 어떤 기업이 다른 기업의 주식이나 자산을 확보해 경영권을 갖는 것을 인수 acquisitions라고 하며, 여러 기업이 하나의 기업으로 합치는 것을 합병 merger이라고 한다. 이를 붙여서 인수합병이라고 한다.

인공지능의 영역을 넓히다

구글의 검색시장 점유율은 독보적이다. 프랑스 국민 90퍼센트 이상이 구글에서 검색하며 전 세계 평균 70퍼센트 이상의 사람이 구글을 사용한다. 덕분에 구글은 지난 20여 년간 어마어마한 양의 데이터를 확보했고, 이 데이터가 인공지능과 만나면서 폭발적인 잠재력을 갖게 되었다.

구글 딥마인드의 알파고는 바둑을 시작으로 스타크래프트에 이르기까지 다양한 게임에서 인간과 대결하며 데이터를 쌓아 가는 중이다. 알파고는 헬스케어산업에도 진출했다. 입원환자의 건강 상태가 나빠지면 이를 의료진에게 알려 주는 애플리케이션 '스트림스'가 대표적이다.

구글은 인공지능 기술을 활용해 건강관리 플랫폼에도 진출하고 있다. 구글피트니스라는 애플리케이션을 활용해 몸무게, 활동량, 체지방량 등을 관리하는 서비스다. 구글피트니스를 다양한 웨어러블 기기와 연결하면 실시간으로 모니터링할 수 있다. 당뇨, 고혈압 등 특별한 질병이 있는 사용자를 위한 맞춤형 관리뿐 아니라 비만 같은 질병 예방에도 효과를 거둘 것으로 기대하고 있다.

> **피트니스 트래커fitness tracker**
>
> 신체에 부착하는 모바일 기기다. 일반적으로 스마트폰과 연동해 사용자의 혈압, 체온, 심박수 같은 신체 상태와 걷기, 달리기, 칼로리 소모량 등 운동 지표를 실시간으로 모니터링하고 추적하는 기능이 있다. 이 분야에 새로운 기술을 접목해 사업화하는 신생 업체를 피트니스 트래커 스타트업이라고 부르며, 2007년 미국의 핏빗이라는 회사가 수면을 관리해 주는 손목 밴드를 출시한 사례가 대표적이다.

또한 존슨앤존슨과 제휴해 설립한 버브 서지컬을 통해서 수술에 쓰이는 인공지능 로봇을 공동으로 개발하고 시연하기까지 했다. 인공지능 로봇은 수많은 수술 영상 데이터를 수집하고 분석해 수술 성공률을 높이는 데 기여하고 있다. 최근 구글의 버브 서지컬 지분을 인수한 존슨앤존슨은 조만간 저렴한 수술용 로봇을 출시할 계획이라고 한다.

빠르게 진행되는 노령화에 발맞춘 노화 방지 분야도 구글의 관심 영역이다. 구글의 자회사인 헬스케어 회사 캘리코는 노화 발생 세포를 찾고 치료제를 개발하는 데 투자하고 있다. 인공지능을 활용하면 여러 환자의 정보를 바탕으로 개별 맞춤 치료를 진행할 수 있다. 이러한 헬스케어산업에서 빠질 수 없는 영역이 유전자 연구다. 구글은 4년간 1만 명에 달하는 개인의 건강 상태를 추적해 데이터를 쌓는 베이스라인 프로젝트를 시작하는 등 인공지능을 적용한 헬스케어 사업을 2014년부터 지원하고 있다.

이뿐만이 아니다. 구글은 아트 프로젝트를 통해서 뉴욕 현대 미술관MOMA, 벨기에 왕립 미술관, 반고흐 미술관 등을 VR가상현실 콘텐츠로 만들었다. 각각의 미술작품을 360도 회전, 시점 이동 등을

VRVirtual Reality

가상의 세계를 실제처럼 체험하게 해주는 최첨단 기술이다. 영화 <레디 플레이어 원Ready Player One>2018에서는 오아시스라는 가상현실 게임을 통해 등장인물이 어디든 갈 수 있는데, 이는 VR의 대표적인 예라 할 수 있다.

통해서 역동적으로 관찰할 수 있도록 구현하고 있고 앞으로 교육 분야에 적극적으로 적용할 계획이다.

구글은 3D 프린팅 기술과 로봇에 인공지능을 결합해 의족 같은 의료기기를 개발하고 지원하기도 한다. 보스턴 다이내믹스라는 전투용 무기 전문 기업을 인수해서 인공지능 로봇을 개발하기도 하는 등 분야를 가리지 않고 지속적으로 새로운 시도를 하고 있다.

구글과 경쟁하는 인공지능 기업

인공지능 기술이 개발되면서 생활에서 가장 쉽게 만나는 서비스가 바로 인공지능 스피커다. 이 분야에서 세계적인 기술력을 가진 아마존은 구글과 여러 분야에서 경쟁하고 있다.

아마존의 인공지능 스피커 알렉사는 출하량 기준으로 시장을 약 37퍼센트나 점유해 알리바바, 바이두, 구글에 앞서고 있다. 알렉사가 처음 만들어졌을 때는 단순한 대화만 가능했지만 지금은 친구라고 할 수 있을 정도로 기능이 향상되었다. 날씨 검색에서부터 맞춤형 쇼핑까지 제공하며 서비스의 영역도 넓어졌다.

아마존은 물류 분야에도 인공지능 기술을 도입했다. 아마존의 목표는 상품 주문에서 배송 시작까지의 시간을 15분으로 단축하는 것이다.원래는 60~75분 걸린다. 최근 사람이 하던 일을 로봇이 학습해 다양한 상황에 적용하는 데 성공하면서 이 목표에 한 걸음씩 다

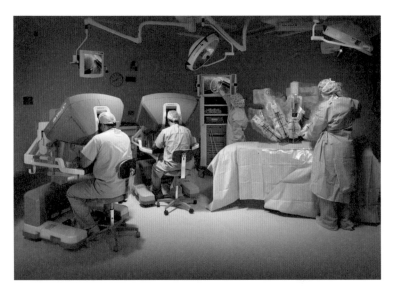

인체 내부를 확대한 3D 영상을 보면서 수술을 진행하는 모습이다. 인공지능 로봇 덕분에 더욱 정교하게 수술할 수 있다.

가가고 있다.

아마존도 헬스케어 분야에 진출하고 있다. 다만 아마존은 헬스케어와 배송을 연계해 가장 빠르게 약품을 전달하는 데 더 관심을 보인다. 머지않아 알렉사를 통해서 쉽게 약품을 주문하면, 물류 로봇이 빠르게 상품을 포장해 드론으로 당일 배송하는 일이 가능해질 것으로 보인다.

아이폰 시리즈로 휴대폰 시장의 영업이익을 상당 부분 차지하는 애플 역시 인공지능을 이용한 스마트워치 시장의 강자로 떠오르고 있다. 웨어러블 기기는 관심받아 온 것 대비 이렇다 할 성과가 없던 영역이었지만, 휴대폰 시장의 성장과 더불어 등장한 애플워치가 시장의 약 48퍼센트를 차지하며 고객층을 넓혀 가고 있다. 애플워치는 인공지능 음성인식 서비스 '시리Siri'와의 접목을 통해서 개인별 맞춤 서비스를 추진 중이다.

이렇게 다양한 글로벌기업이 인공지능 분야에 진출하고 있다. 인공지능은 음성인식 스피커, 스마트워치, 헬스케어 등 일부 영역에 머무르지 않는다. 제조, 교육, 서비스, 물류 등 우리 삶을 둘러싸고 있는 다양한 분야에서 성과를 보이고 있으며 미래의 생활을 변화시킬 준비를 하고 있다.

환갑이 지난 인공지능의 부흥

20세기에 탄생한 인공지능, 21세기에 빛나다

우리에게 인공지능은 꽤나 친숙한 단어다. 그 실체가 무엇인지 사람마다 인식하는 수준은 다를지라도 인공지능을 생각하면 머신 러닝, 딥 러닝, 로봇 등 관련 용어를 어렵지 않게 떠올릴 수 있다. 인공지능의 사전적 의미를 살펴보면 다음과 같다.

· 인공지능

인간의 경험과 지식을 바탕으로 문제를 해결하는 능력, 시각 및 음성 인식의 지각 능력, 자연 언어 이해 능력, 자율적으로 움직이는 능력 등을 컴퓨터나 전자 기술로 실현하는 것을 목적으로 하는 기술 영역. 인공지능의 궁극적인 목표는 사람처럼 생각하고 행동까지 할 수 있는 기계를 개발하는 데 있다.

(출처: 기술사랑연구회 지음,《Basic 중학생을 위한 기술·가정 용어사전》, 신원문화사, 2007)

그렇다면 인공지능은 언제 탄생했을까? 인공지능이 학계에 정식으로 소개된 때는 지금으로부터 약 65년 전으로 거슬러 올라간다. 1956년 미국의 다트머스 학회에서 존 매카시 교수가 이 개념을 발표했다. 물론 그 이전인 1943년 워런 매컬러와 월터 피츠가 인공신경망에 대한 연구를 시작했고, 인공지능의 아버지라고 불리는 앨런 튜링이 1950년에 기계가 인간처럼 생각할 수 있는지 연구한 논문 <계산 기계와 지능>을 발표하면서 기초를 다졌다고 보는 것이 일반적이다.

첨단 과학기술인 인공지능의 역사가 60년도 넘었다는 사실이 놀랍기까지 하다. 그렇다면 왜 이렇게 오랜 시간이 지나서야 주목받게 되었을까?

실제로 다트머스 학회에서 인간처럼 생각할 수 있는 기계에 대한 논의가 시작되었을 때는 상당한 관심을 받았다. 그때는 미국과 소련이 대립하던 냉전시대였는데, 인공지능을 '인간을 대신해 대리전쟁을 치르는 기계'처럼 생각했다. 그 때문에 인공지능 연구에 투자를 아끼지 않았다. 이 시기를 인공지능의 황금기라고 부르기도 한다. 1970년대 초반까지 인공지능 연구에 대한 높

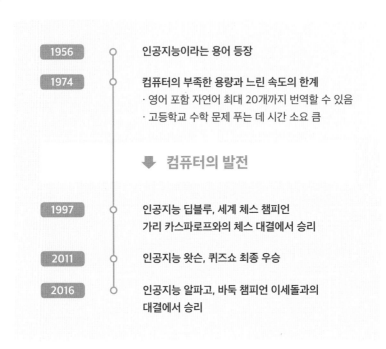

| 1956 | 인공지능이라는 용어 등장 |
| 1974 | 컴퓨터의 부족한 용량과 느린 속도의 한계
· 영어 포함 자연어 최대 20개까지 번역할 수 있음
· 고등학교 수학 문제 푸는 데 시간 소요 큼 |

⬇ 컴퓨터의 발전

1997	인공지능 딥블루, 세계 체스 챔피언 가리 카스파로프와의 체스 대결에서 승리
2011	인공지능 왓슨, 퀴즈쇼 최종 우승
2016	인공지능 알파고, 바둑 챔피언 이세돌과의 대결에서 승리

인공지능의 역사

은 관심과 재정적 지원이 끊이지 않았다. 그러나 20년간의 투자에도 불구하고 이렇다 할 결과물이 나오지 못했다. 이에 미국과 소련 양측의 지원과 관심이 실망으로 돌아서게 되고, 인공지능은 꽤 오랫동안 암흑기를 거쳐야 했다.

3대 도우미, 인공지능을 부활시키다

인공지능 연구자들에게는 그래도 포기할 수 없는 꿈이 있었다. 언젠가는 인간과 비슷하게 생각하고 판단하는 인공지능을 개발

할 수 있다는 꿈이었다. 이러한 기대 덕분에 인공지능 연구는 꾸준히 이어졌으며, 인공지능은 2016년 대한민국 서울 한가운데서 열린 이세돌 9단과 알파고의 대결 덕분에 다시 수면 위로 떠올랐다. 이 대결이 세계인의 관심을 한 몸에 받게 되면서 기나긴 암흑기를 거친 인공지능이 비로소 화려하게 부활한 것이다.

물론 인간 대 기계의 대결은 우리가 알다시피 기계인 알파고의 승리4승 1패로 막을 내렸다. 이전에도 인간과 기계의 대결이 없었던 것은 아니다. 대표적으로 1997년 체스 대회에서 IBM이 개발한 인공지능 컴퓨터 딥블루가 세계 챔피언을 이긴 사례가 있다. 또한 2011년에는 미국의 인기 TV 퀴즈쇼인 '제퍼디쇼'에서 역시 IBM의 인공지능 왓슨이 우승해 주목을 받았다.

그런데 2016년 알파고의 승리에 세계가 유독 놀란 이유가 있다. 체스는 게임 경우의 수가 10의 120제곱인데 반해서 바둑은 훨씬 더 많은 250의 150제곱이기 때문이다. 이는 우주 원자의 수약 10의 80제곱보다 많은 수라고 한다.추형석 외, 'AlphaGo의 인공지능 알고리즘 분석', SPRI 이슈리포트 제 2016-002호, 2016

즉, 알파고는 고도화된 사고방식으로만 다룰 수 있다고 생각했던 '인간의 영역바둑'에 도전했고, 인간계 최고의 승부사인 이세돌 9단을 어렵지 않게 이긴 것이다.

그렇다면 왜 인공지능은 탄생 60년이 지나서야 이토록 놀라운 성과를 보이고 있을까? 의미 있는 결과를 뽑아낼 만큼 데이터가 충분하지 않았고, 컴퓨터 용량도 매우 부족했기 때문이다. 인공지능 알고리즘의 기초는 오래전에 만들어졌다. 하지만 초기에는 단순한 계산을 할 때 컴퓨터 용량 전체를 사용해야 할 만큼 메모리가 작았다.

인공지능은 최근 비약적으로 관련 기술이 발전하며 '3대 도우미'가 등장한 덕분에 부활할 수 있었다. 3대 도우미는 다음과 같다.

① 사물인터넷Internet of Things: 사물들이 인터넷으로 연결되어 만드는 새로운 기술 환경을 뜻한다. 주로 사물에 센서를 부착해 정보가 소통되도록 한다. 전 세계의 사물인터넷은 250억 개 수준으로, 촘촘히 세상 곳곳의 데이터를 모으고 있다.

② 클라우드Cloud: 인터넷으로 연결된 중앙컴퓨터에 데이터를 저장해, 언제 어디서나 자료를 사용할 수 있도록 하는 기술 환경이다. 물리적 공간의 한계를 넘어서 가상공간에서 사물인터넷이 모은 데이터를 저장하고 필요할 때마다 제공하는 방식으로 무한 데이터 저장소의 기능을 수행하고 있다.

③ 빅데이터Big data: 기존의 문서, 책같이 기록할 수 있거나 고정된 형식을 갖춘 데이터뿐 아니라 디지털 시대에 폭발적으로 증가하는 문자, 영상 등을 포괄하는 대용량 데이터를 뜻한다. 단순히 사물인터넷이 데이터를 수집하고 클라우드에 저장했다고 가치가 생기지 않는다. 데이터에 의미를 주는 분석 작업

을 통해 인공지능 기술이 다양한 분야에 적용하도록 돕는다.

사물인터넷, 클라우드, 빅데이터의 발전 덕분에 인공지능은 4차 산업혁명이라 불리는 ICT 융합을 이끌 수 있다. 이러한 트렌드를 빠르게 인지한 세계경제포럼다보스포럼에서는 지난 2016년 주제를 '4차 산업혁명 정복하기'로 잡고, 인공지능 시대를 대비해야 한다고 강조하기도 했다. 그로부터 시간이 흐른 지금 인공지능 기술은 의료, 미디어, 교육, 에너지, 제조 등 각 분야에서 활발히 활용되고 있으며 인간의 협조자로 자리 잡아 가고 있다.

인공신경망과 딥 러닝

인간을 닮아 스스로 학습하다

일상생활에 깊숙이 파고든 인공지능의 세계를 탐색하기 전에, 인공지능의 기본 원리에 대해서 간단하게 알아보자.

인공지능은 인간이 생각하는 방식을 모방해 판단하고 결정한다. 대표적으로 인간의 신경세포인 뉴런과 인공지능의 인공신경망을 들 수 있다. 뉴런은 뇌에서 일어나는 정보를 수집하고 처리하는 기능을 한다. 인간의 뇌에는 뉴런이 약 1,000억 개 있고 정보를 전달해 주는 시냅스가 약 1,000조 개 있다. 인간의 신경망을 본떠 만든 인공신경망은 인간의 뇌가 정보를 학습하고 판단하는 방식을 모형화했다.

그러나 초기 인공신경망에는 몇 가지 오류가 있었다. 학습이 반복될수록 오답률이 줄어들기를 기대했지만 오답률이 줄다가 다시 늘어나는 결과를 반복한 것이다.

또한 인공지능을 이용해 연산을 진행하기 위해서 연구자가 초 깃값을 임의로 설정해야 했다. 그런데 연구자마다 초깃값을 선 정하는 기준이 다를 수밖에 없고, 이에 따라 실제 인공지능이 수 행한 연산 횟수와 결과가 달라지는 문제가 드러났다. 따라서 초 깃값을 잘못 입력할 경우 정확한 연구 결과를 계산해 내기 어려 웠다.

더불어 인공신경망을 바탕으로 둔 인공지능 연구 역시 데이터 의 한계와 컴퓨팅 용량의 부족으로 어려움에 맞닥뜨리게 되었다.

이어서 등장한 딥 러닝은 인공신경망의 한계를 극복하기 위해 서 만들어진 머신 러닝의 한 종류다. 머신 러닝은 인공지능의 한 분야로 사람이 학습하듯이 컴퓨터에 데이터를 줘서 학습하게 하 는 기술이다. 특정한 프로그램 없이 기계가 배울 수 있는 능력을 주는 것이다. 딥 러닝은 일반적인 머신 러닝과 다른 점이 있다. '주어진 내용을 학습'하는 머신 러닝과 달리 '스스로 학습'한다는 점이다.

가장 대표적인 연구로 개와 고양이를 분류하는 방식에 관한 딥 러닝이 알려져 있다. 기술이 발달하며 컴퓨터는 인간보다 빠 르게 사칙연산을 해냈지만 개와 고양이를 구분하지는 못했다. 머 신 러닝을 통해서는 개의 특징, 고양이의 특징을 일일이 입력해 주어야만 둘을 분류할 수 있었고, 약간의 변화만 있어도 구별하는 데 실패했다. 그런데 딥 러닝이 등장하면서 상황이 달라졌다. 인공지능 스스로 수천수만 개의 개와 고양이 사진을 확인하면서 알아서 특징을 익히고 변화가 생기더라도 인간이 개와 고양이를 구별하듯 손쉽게 구별하는 수준으로 발전한 것이다. 이와 같이 인공지능이 스스로 판단의 우선순위를 결정하고, 오류를 수정하는 규칙을 만들며, 이를 통해서 판단의 정확도를 높이는 방식을 딥 러닝이라고 한다.

딥 러닝은 1980년대부터 연구되다가, 2004년 제프리 힌턴 교수가 딥 러닝 기반 학습 알고리즘을 제안하면서 여러 분야에 적용되기 시작했다. 딥 러닝은 초깃값을 임의로 설정해서 생기는 인공신경망의 오류를 해결했다. 인공지능이 스스로 최적의 초깃값을 설정하기 시작한 것이다. 이러한 전처리 과정 덕분에 불필요한 시도로 생기는 과도한 학습량이 눈에 띄게 줄었고, 일관적인 학습 결과를 도출하게 되었다.

딥 러닝의 등장으로 기업과 각국 정부는 인공지능에 다시 관심을 보이기 시작했다. 더불어 앞서 소개한 것처럼 2000년대 비약적으로 발전한 컴퓨팅 처리 능력과 사물인터넷, 클라우드, 빅데이터의 발전에 힘입어 인공지능의 재도약 시대가 열렸다.

아직은 불안한 인공지능

물론 인공지능과 관련된 최근의 시도가 모두 성공하지는 않았다. 단순한 예로 인공지능 번역기는 여전히 뉘앙스를 담아서 번역하지 못한다. 그래서 초벌 번역은 인공지능 번역기를 이용해서 하고 맥락에 맞는 정교한 번역은 전문 번역가가 투입되어 마무리하는 경우가 있다. 이를 인공지능 시대에도 인간의 직업이 사라지지 않는다는 예로 들기도 한다. 그러나 이는 시간문제일 뿐이라는 견해가 훨씬 많다. 즉, 인공지능이 좀더 많은 딥 러닝을 통해 데이터를 쌓게 되면 맥락을 파악해 번역하는 일도 어렵지 않을 것이라는 의견이다.

인공지능 번역기의 오류가 웃음을 가져다 줄 수 있는 정도의 에피소드라면, 불완전한 인공지능이 투입되면서 발생한 심각한 문제도 있었다. 그 대표적인 사례가 자율주행차의 오류다. 실제로 2018년 우버 자율주행차가 길을 건너는 보행자를 사망에 이르게 한 사건이 있었다. 피해자가 자전거를 끌고 갑자기 도로에 진입했고, 그 상황에서 시속 약 61킬로미터로 주행하던 자율주행차가 보행자와 충돌한 사건이다. 자율주행 상용화에 적신호가 된 대표적 사례이기도 하다. 이 내용은 자율주행차를 설명하는 4장에서 좀더 자세하게 설명하기로 하자.

인공지능의 실수로 책을 사려던 사람이 깜짝 놀란 사건도 있었다. 이 사람이 찾던 책은 초파리에 관한 연구 도서인 《파리의 탄생The Making of a Fly》으로, 절판되어 구하기 어려운 책이었다. 그런데 아무리 시중에 몇 권 없다고 해도 책값이 무려 350만 달러약 42억 원까지 치솟는 기이한 일이 벌어졌다. 아마존 내 서점의 두 컴퓨터가 책값을 올리는 알고리즘을 잘못 시행하면서 상상을 초월하는 가격이 책정된 것이다. 이 사례는 인공지능의 오류를 설명할 때 대표적으로 언급된다.

그러나 사람들의 기억 속에 가장 강렬히 남은 인공지능의 실수는 마이크로소프트에서 2016년 야심차게 개발한 챗봇 테이의 참사다. 테이는 유대인을 비하하는 말을 하고 여성과 유색인종에 대해서 지속적으로 부정적 발언을 했다. 그 바람에 대중에 소개된 지 16시간 만에 서비스를 중단했고, 이는 인공지능에 대한 우려를 체감하게 하는 사건이었다. 즉, 누가 어떤 의도로 기획해 개발하는가에 따라서 인공지능이 공동체에 해를 끼치는 도구가 될 수도 있다는 점을 증명했다.

인공지능의 실패 사례는 기술적인 불안정성에 대한 우려는 물론 윤리적인 면에 대한 고민을 안겨 주었다. 그러나 몇 가지 문제가 드러났다고 해서 인공지능 자체가 벽에 부딪힌 것은 아니다. 개발 초기에는 예측하지 못했던 다양한 상황에 직면하면서 오히려 이에 대한 윤리적, 기술적, 사회적 해결 방안을 활발히 논의하고 있다. 아직은 불완전해도 인간의 삶에 들어오는 인공지능을 막을 수 없다는 것이 전문가들의 공통된 의견이기 때문이다.

우리나라 인공지능의 위기와 기회

한국, 선택의 갈림길에 서다

그렇다면 우리나라는 인공지능 기술을 중심으로 하는 4차 산업 혁명 강국일까? '브로밴드초고속인터넷 코리아', '인터넷 강국 대한민국'이라는 표어를 어렵지 않게 듣던 시기가 있었다. 한국전쟁 이후 폐허가 된 대한민국이 이렇다 할 천연자원 없이 3차 산업혁명 시대를 이끌었다는 사실은 우리 현대사의 자랑이다. 그러나 이러한 영광을 뒤로하고 생각해 보자. 인공지능 분야에서 우리나라는 어느 정도일까? 아쉽게도 현재 우리나라는 4차 산업혁명 분야의 주요 기술에서 미국, 중국 등에 뒤처져 있다.

인공지능 시대에는 인공지능 소프트웨어를 다루는 전문가의 수와 역량 수준이 그 나라의 잠재력을 나타내는 지표라고 한다.

이 기준에 따르면 우리나라의 인공지능 소프트웨어 기술은 우려할 만한 수준이다. 인공지능 전문가 보유 1위인 미국에 1만여 명 이상의 인재가 있는 반면 한국은 405명 수준으로 10위에 그쳤다. 소프트웨어 교육도 부족하다. 소프트웨어 정책연구소의 발표에 따르면 우리나라의 소프트웨어 필수 교육 시간은 51시간이다. 이에 반해 영국은 330시간, 일본은 256시간에 이른다.

전문가가 부족하면 미래에 어떤 영향이 있을지 살펴보자. 인공지능 기술에 친숙하지 않은 사람을 기다려 주는 직업이 많이 있을까? 불행히도, 아니다. 2016년 세계경제포럼은 인공지능으로 인해 사라질 직업은 710만 개나 되는데, 새롭게 생길 직업은 200만 개에 불과하다고 발표했다. 다시 말하면 인공지능에서 멀어질수록 직업을 갖기 어려워진다는 뜻이다. 인공지능이 보편화되면 텔레마케터, 비서, 택시 운전사 등 현재 쉽게 만나는 직업이 사라질 것이다. 컨설팅회사 맥킨지에서 2017년 발표한 자료에 따르면, 2030년에는 현재의 20퍼센트에 해당하는 8억 개의 직업이 사라진다. 특히 인공지능 시대를 맞이할 준비가 덜 된 국가는 피해가 더욱 심할 것이라는 점에 주목해야 한다.

화이트칼라라고 불리던 사무직과 전문직의 몰락이 시작되었다는 암울한 전망도 뒤따르고 있다. 실제로 대표 전문직인 회계사, 약사, 증권사 애널리스트 등도 인공지능 시대에는 안전하지 않다는 예측을 한다. 이는 특정한 직업을 목표로 삼은 채 입시 위주의 공부만을 강요받는 우리나라의 청소년과 이를 조장하는 교육계에 던지는 의미가 크다. 지금의 교육 방식은 4차 산업혁명 시대에 적합하지 않다는 뜻이다. 전 세계와 경쟁해야 하는 사회에서 우물 안 개구리 식의 '닫힌 교육'은 인재 양성에 어려움을 줄 뿐이다.

이러한 위기를 극복하고 기회로 만들기 위한 노력이 필요하다. 다른 나라의 언어를 배우는 것이 세계화 시대의 일차 과제였다면, 인공지능의 기초 언어인 코딩을 능숙하게 배우는 것이 4차 산업혁명 시대의 일차 과제다. 코딩은 컴퓨터의 논리적 사고 체계를 이해하고 소통할 수 있는 방식이다. 미래 사회에서는 컴퓨터 공학자뿐 아니라 의사, 약사는 물론 예술가도 코딩과 친숙해지지 않으면 어려움을 겪게 될 것이다.

인공지능과 친구 하기

이러한 문제를 고민하는 우리에게 새로운 해답이 될 수 있는 토종 스타트업 기업에 대해서 살펴보자. 럭스로보는 2014년에 창립한 코딩 소프트웨어 전문 회사다. 우리나라는 인공지능 강대국들에 비해 코딩에 대한 관심이 적었고, 럭스로보 창립 초기에는 코딩을 교육할 수 있는 프로그램조차 많지 않았다. 이렇게 척박한 환경에서 당시 학생 신분이었던 럭스로보 대표는 '모디MODI'라는 모듈형 로봇 플랫폼을 개발했다. 어렵게만 느껴지던 코딩을 레고를 조립하듯 배울 수 있게 개발해 누구나 쉽고 재미있게 다가갈 수 있는 플랫폼을 만든 것이다. 모디는 유럽의 코딩 교육 기관으로 소개되었고, 현재는 전 세계 50개국 이상에 판매되고 있다.

2017년에 세계 100대 인공지능 기업으로 선정된 의료 영상 인공지능 스타트업 루닛의 이야기도 의미 있다. 루닛은 온라인으로 환자의 엑스레이를 연결하면 폐질환을 판독하는 '루닛 인사이트'를 출시했다. 루닛 인사이트는 현재 40개국 이상에 수출하고 있다. 루닛은 의료 영상을 판독하는 국제 AI 대회에서 2016년 마이크로소프트와 IBM을 이기고 우승하기도 했다. 또한 우수한 기술력을 바탕으로 인공지능을 활용한 다양한 의료 연구에 앞장서고 있다.

럭스로보와 루닛은 의료, 교육에 인공지능 기술을 접목하면서 새로운 활로를 개척하는 기업이다. 인적 자원이 얼마나 중요한지 보여 주는 좋은 사례라고 할 수 있다.

4차 산업혁명 시대, 우리는 인공지능과 친해져야 할 의무가 있다. 이는 선택이 아니다. 인공지능이 생활의 필수 개념으로 자리 잡고 있기 때문이다. 인공지능을 친숙하게 대하기 위해서는 각각의 전문 영역에 대한 지식과 이해, 끊임없는 관심이 필요하다. 나아가 그 역량을 빛나게 할 수 있는 융합의 기술이 필수적이다.

이 시점에서 융합이 왜 중요할까? 예를 들어 생각해 보자. 화상

환자가 겪는 통증의 강도가 매우 높다는 것은 잘 알려진 사실이다. 따라서 심하게 화상을 입은 환자가 치료받을 때 느끼는 고통을 줄이는 것이 의학계의 오랜 숙제였다. 이 해결책으로 떠오르는 것이 VR을 이용한 화상치료다. 치료받는 동안 VR 기기를 착용한 채 게임을 하거나 즐거운 영상을 보는 등 다른 일에 몰입하게 함으로써, 치료의 고통을 줄여 주는 것이다. 실제로 이 연구에 참여한 환자가 치료받을 때 느끼는 고통이 눈에 띄게 줄어들기도 했다. 이 작업에는 외과의사는 물론 상담심리사, 게임 전문가, VR 콘텐츠 제작자, 기기 제작자 등이 참여한다. 각각 다른 영역의 전문가이지만, 환자를 치료한다는 하나의 목적으로 모여서 코딩 같은 인공지능 언어로 서로의 아이디어를 주고받게 된다. 이렇게 미래 사회로 갈수록 서로 다른 영역 사이의 소통이 잦아지고 다양해지면서 융합이 중요해질 것이라고 예상한다.

앞으로는 인간을 닮은 로봇에게 심리 상담을 받고, 자산투자계획을 의논하고, 미래 직업을 상의하는 시대를 살아갈 것이다. 따라서 나의 꿈을 펼치기 위해서는 피할 수도 없고 피해서도 안 되는 것이 인공지능에 대한 공부다. 이를 위해 필요한 기술을 충분히 배우고 경험해야 한다. 교육 환경도 변하겠지만 우리 각자도 이러한 현실을 제대로 이해하고 미래를 준비하기 위해 노력하자.

인공지능 시대에 가장 높은 기대를 받고 있는 직업은 인공지능 개발자다. 교육부의 진로정보망 커리어넷에 따르면 인공지능 전문가는 "스스로 사고하고 추론하는 능력을 가진 컴퓨터 시스템을 개발하는 사람"이다. 앞에서 설명한 것처럼 인공지능은 사람이 생각하고 판단하는 방식을 모방한 컴퓨터 시스템이다. 처음에는 부족했으나 인간과 다양한 게임을 해보면서 딥 러닝을 발전시킨 덕분에 이제 어느 정도 수준에 도달했다고 할 수 있다.

인공지능 개발자는 제조, 물류, 의료, 교육, 서비스 등 각 분야에 맞는 인공지능 시스템을 개발하고 성과 향상에 도움이 되도록 활용하는 일을 맡게 된다. 인공지능 시스템을 만들기 위한 설계에서부터 개발과 적용에 이르기까지 프로그램 개발 역량이 더 중요해진다는 뜻이다. 실제로 제조 분야에서는 이미 인공지능 로봇이 개발되어 두루 사용되고 있다. 또한 지금까지 인간이 목숨을 걸고 참여해야 했던 여러 위험한 현장에 투입할 로봇이 개발되어 적용 중이다. 인공지능 개발자는 화재 현장, 위험한 산업 현장에서 인간과 협동할 수 있는 로봇을 설계하고 개발하고 있으며, 교육 보조 로봇, 상담 로봇 등 다양한 분야로 진출하고 있다.

인공지능 개발자에게는 소프트웨어 개발에 필요한 프로그래밍 능력, 데이터베이스 처리 능력 등이 기본적으로 있어야 한다. 따라서 컴퓨터공학과, 정보공학과, 정보시스템학과 등에 진학해 역량을 향상시키고 프로젝트 참여 경험을 높이면 좋다.

그러나 다시 한번 말하지만 4차 산업혁명 시대는 융합의 시대다. 따라서 단순히 프로그래밍 개발 능력만 가졌다고 인공지능 개발자라고 할 수 없다. 제조, 의료, 게임, 교육, 서비스업 등 다양한 분야에 대한 기초 지식이 반드시 필요하다. 게다가 인공지능의 활용 범위가 굉장히 넓기 때문에 자연과학과 인문학 지식이 있다면 더욱 훌륭한 결과물을 만들어 내는 인공지능 개발자로 활동할 수 있을 것이다.

앞으로는 일상의 다양한 문제를 해결하는 일에 인공지능 개발자가 투입될 것이며, 다양한 경험과 배경지식을 가진 인공지능 개발자들이 함께 모여 프로젝트에 참여할 것이다. 전투에 참여한 군인이나 교통사고 환자의 트라우마를 줄이는 프로그램을 만드는 데 이미 다양한 전문가가 협동하고 있다. 프로그래밍 전문가뿐 아니라 심리학자, 게임 전문가, 빅데이터 전문가, 뇌과학 전문가들이 상호 협동해 각 환자에게 적합한 인공지능 프로그램을 개발한다. 이러한 방식은 치매환자를 위한 보조 로봇 개발, 무인 물류센터를 위한 설계, 드론을 이용한 조난자 구조 등 다양한 분야에 적용되어, 우리의 삶을 더욱 편리하고 안전하게 만들 것이다.

따라서 인공지능 개발자는 자기 분야에만 머물러서는 안 된다. 인공지능이 활용될 다양한 분야에 대한 지식과 관심, 또는 다양한 전문가와 협동할 수 있는 소양을 높이려는 노력도 필요하다.

진로 찾기 **로봇공학자**

20세기까지 로봇은 SF 영화에서나 볼 수 있었던 개념이었다. 그러나 인공지능 기술이 여러 분야에서 활용되면서 서비스형 로봇, 의료용 로봇, 제조 산업용 로봇, 군사용 로봇, 안보 탐지용 로봇 등 다양한 로봇을 생활에서 접할 수 있게 되었다.

로봇은 크게 인간의 모습까지 닮은 휴머노이드^{안드로이드} 로봇과 형태는 인간과 다르지만 인간의 활동에 도움을 주는 로봇으로 분류될 수 있다. 인간을 닮은 로봇을 개발하는 로봇공학자는 인공지능 알고리즘과 패턴 인식 등 핵심 인공지능 지식과 더불어 3D 스캔 및 설계 능력, 인체공학적 지식도 갖추어야 한다.

인간의 모습과 닮은 로봇은 기계가 주는 거부감을 낮추어 노령층과 어린이, 환자들이 친숙하게 활용할 수 있다는 장점이 있다. 더불어 서비스 영역에서도 고객을 응대할 때 사람에게 직접 서비스를 받는 듯한 케어를 할 수 있다는 점에서 주목받는다. 이러한 장점을 극대화하기 위해 인간의 모습을 닮은 의료 로봇, 재활 로봇, 교육 로봇, 서비스 로봇 등을 개발하는 연구가 활발하다. 이를 통해 미래에는 사람의 어려움을 도와주고 개선하는 분야의 로봇 전문가가 더 필요해질 것이라는 사실을 어렵지 않게 알 수 있다.

또한 굳이 인간의 형태로 만들지 않아도 그 기능에 가장 알맞은 모습으로 설계된 로봇도 있다. 위험 감지 로봇, 재난 대응 로봇, 군사용 로봇 등이다. 다양한 목적의 로봇을 개발한 경험은 로봇공학자에게 큰 자산이 될 것이다. 즉, 프로젝트에 따라서 한국뿐 아니라 유럽 또는 아프리카 등 다양한 곳에서 요청하는 로봇개발에 참여할 수 있고 직업적 안정성을 보장받을 수도 있다.

인간의 모습을 닮은 로봇이든, 또는 목적에 충실한 로봇이든 로봇 디자이너, 로봇 개발자, 로봇 운영 전문가, 로봇 빅데이터 전문가 등 로봇공학자의 역할이 세분화될 전망이다. 각 분야가 전문화될수록 정보와 경험이 더 많이 필요할 것이라고 예측된다. 전문가 집단 사이의 자유로운 소통과 협동이 더욱 중요해질 것이며, 로봇개발 역량을 수치화해 자신과 맞는 협업 파트너와 작업하게 되는 일이 자연스러운 시대가 될 것이다.

로봇공학자를 꿈꾸는 학생은 컴퓨터 관련 학과, 기계공학과,

전기전자공학과, 제어공학과에 진학해서 심화학습을 할 수 있다. 최근 융합이 강조되면서 기계mechanics와 전자electronics를 합친 메카트로닉스mechatronics공학과에 대한 관심이 높다. 이 학과에서는 로봇 설계의 기초를 다질 수 있는 수업을 받게 된다.

무엇보다 기술 자체보다는 새로운 분야에 대한 열린 자세가 필수적이다. 열린 마음과 창의적인 접근이야말로 21세기 미래 직업의 주요 소양이라는 사실을 기억하자.

2장

세계를 연결하는
사물인터넷

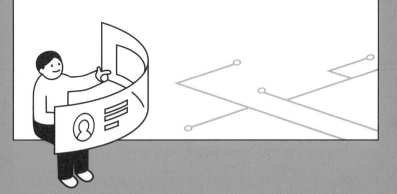

차에 시동을 걸면 내비게이션이 가장 빠른 길을 안내하고,
집에서는 센서가 작동해 미리 집을 따뜻하게 하고,
차가 도착할 즈음 주차장 문이 자동으로 열린다.

마침내 이루어진 유비쿼터스 시대

사물인터넷으로 하나되는 지구촌

외출하거나 여행할 때는 집에 혼자 있는 강아지를 어떻게 돌볼까? 반려동물과의 삶이 익숙해진 현대인에게 중요한 고민거리가 아닐 수 없다. 다행히 ICT를 활용한 기술이 발달하면서 집에 사람이 없더라도 날이 어두워지면 실내등을 켜고 반려동물의 먹이를 제시간에 챙겨 주는 일이 가능해지고 있다. 집에 설치한 센서와 스마트폰 애플리케이션을 이용해 조명, 냉난방, 습도 조절을 하고 센서가 달린 자동 급식기로 제때 먹이를 줄 수 있는 것이다.

이를 가능하게 도와주는 ICT 기술이 바로 사물인터넷이다. 사물인터넷 기기에 설치된 센서가 외부 정보를 수집하고 그에 따라 사물끼리 소통하도록 해 밖에서도 집을 관리할 수 있는 것이다.

시간 맞춰 반려동물의 먹이를 주는 자동 급식기 덕분에 안심하고 외출할 수 있다.

이제 사물인터넷은 센서만 수백억 개가 넘으며 지구촌을 덮을 만큼 많아졌다. 사물인터넷은 현대인의 일상에서 뗄 수 없는 기술이 되어 가고 있다. 게다가 사물인터넷 기기가 5G와 같은 초고속 무선통신망을 만나면서 놀랍게 발전하는 중이다. 우리 생활 곳곳에서 만들어지는 데이터는 순간마다 수집되고 전송되어 어딘가에 쌓이고 있다. 안정적이고 우수한 통신망이 갖춰지니 실시간으로 데이터를 수집하고 저장하기에 좋은 환경이 되었다. 20세기 후반에 마치 당장이라도 이루어질 것 같이 떠들썩했던 '유비쿼터스 시대'의 모습이 이제야 점차 실현되고 있다고 할 수 있다.

> **유비쿼터스Ubiquitous**
>
> 신은 언제 어디에나 존재한다는 뜻의 라틴어다. 지금은 컴퓨터를 포함한 모든 사물이 인터넷으로 연결되어 있는 IT 환경을 의미하는 용어가 되었다. 특히 20세기 말 가장 발달한 정보통신 사회를 표방하는 개념으로 유비쿼터스라는 말이 자주 사용되었다.

지구촌을 공포에 떨게 한 바이러스 코로나19가 국내에 전파되기 시작했을 때, 우리나라의 질병관리본부에서는 감염자와 접촉한 사람을 수 시간 내에 찾아내 잠재적 감염자를 격리하며 대응했다. 이때 사용되었던 기술도 사물인터넷이다. 신용카드 이력, 거리에 설치된 CCTV, 대중교통 이용 이력 등 전국에 흩어진 단말 간의 정보 교류를 통해서 신속하게 대응할 수 있었던 것이다. 적게는 5~7명에서 많게는 수백 명에 이르는 사람과 접촉한 감염자의 이동 경로를 추적하고 빠른 판별을 해낸 데에는 사물인터넷의 공헌이 지대했다고 평가할 수 있다.

사물인터넷 플랫폼 허브가 뭐길래

사물인터넷이 처음 소개되었을 때는 허브Hub라는 개념을 중요하게 여겼다. 허브가 제대로 작동하기 위해서는 정보를 수집하는 단말이 항상 전원에 연결되어 있어야 하며, 수집된 데이터와 기기의 상태를 지속적으로 확인하고, 다양한 기기의 정보를 혼선 없이 활용 목적에 맞게 처리하는 일이 이루어져야 한다. 허브는 사물인터넷의 전반적인 프로세스를 시작하는 출발 지점이라 할 수 있으며 스마트홈에서는 가전을 허브로 삼으려는 다양한 시도가 진행되고 있다. 예를 들어 초기에는 TV 셋톱박스나 냉장고가 허브가 될 것이라 기대했으며, 최근에는 인공지능 스피커가 이러한 역할을 하도록 개발되고 있다.

여기서 짚고 넘어가야 할 것은 허브 역할을 하는 사물인터넷 플랫폼이 아직까지는 호환성이라는 문제를 가지고 있다는 점이다. 즉, A라는 회사의 화재감지기와 B라는 회사의 온습도계가 다른 플랫폼을 사용하면 같은 집 안에서도 정보를 교류하는 데 어려움이 생기는 것이다. 따라서 이러한 문제를 알아차린 기업들이 서로 주도권을 갖기 위해 치열한 경쟁을 벌이고 있다.

대표적으로 애플은 지금까지 폐쇄적인 애플리케이션 정책을 고수해 왔으나, 스마트홈의 사물인터넷 사업과 관련해서는 다른 가전회사와 적극적으로 협력하고 있다. 아이폰과 아이패드, 맥북 등에서 쌓아 올린 강력한 플랫폼을 가정 내 사물인터넷의 허브로 사용하는 전략이라고 볼 수 있다. 실제로 애플은 '홈

> **호환성**compatibility
>
> 서로 다른 시스템, 플랫폼에서도 프로그램을 바꾸거나 소프트웨어를 변경하지 않고 접속해 사용하는 것. 즉, 다른 기종 간에 서로 부품을 바꾸어 사용할 수 있는 것을 의미한다. 예를 들어, 이전 버전의 스마트폰에서 사용하던 애플리케이션이나 장치를 최신 버전에서도 그대로 사용할 수 있다면 호환성이 보장되었다고 한다.

킷'이라는 스마트홈 플랫폼을 선보였다. 기존의 애플 제품을 활용해서 원격으로 조명과 출입문을 조작하고 가정 내 보안을 관리하는 서비스다.

구글은 '구글 클라우드 IoT'라는 플랫폼을 통해서 사물인터넷 시장에 접근 중이다. 구글은 전 세계에서 데이터를 가장 많이 확보하고 잘 다룰 수 있는 몇 안 되는 기업이다. 구글은 적극적인 인수합병을 통해서 스마트홈의 기술 경쟁력을 확보하는 데 힘쓰고 있다. 최근에는 디지털 자동 온도조절장치에 특화된 네스트랩을 인수하기도 했다. 세계를 이끄는 기업답게 스마트홈에서 나아가 스마트시티를 세우는 일에도 앞장서고 있다. 그 예로 캐나다 토론토와 함께 사물인터넷 기반의 스마트시티 프로젝트를 실험 중이다. 쓰레기 수거, 에너지 관리, 교통 시스템 고도화를 바탕으

로 자율주행차 시대까지 대비하겠다는 거대한 프로젝트다.

아마존은 2018년 초부터 흥미로운 실험을 하고 있다. 바로 계산대 없는 무인 마트, '아마존 고'다. 고객이 애플리케이션을 통해서 처음 한 번만 신용카드를 등록하면 이후 언제든 아마존 고 상품을 카트에 담을 때마다 자동으로 계산이 된다. 인건비를 줄일 뿐 아니라, 계산하기 위해 줄을 서야 했던 번거로움을 없애 준 혁신적인 서비스다. 아마존 고는 매장 안에 달린 센서를 통해서 물건의 재고를 파악하고 품절되기 전에 확인해 비치한다. 사물인터넷의 기술을 효과적으로 적용한 현장이라고 할 수 있다. 아마존은 이미 온라인 서점 돌풍을 일으키면서 플랫폼의 힘을 체험했다. 곳곳에 연결된 기기를 통해서 정보를 수집하고 지속적으로 고객서비스의 품질을 올려 가는 아마존의 다음 행보가 주목된다.

마이크로소프트의 경우, '애저'라는 사물인터넷 허브를 통해서 실시간으로 대용량의 기기 데이터를 분석하고 처리한다. 소프트웨어 왕국이었던 과거의 명성답게 여전히 기업가치가 고공 행진하는 마이크로소프트도 시대의 변화에 휘청이던 시기가 있었다. 한동안 애플과 구글에 밀리던 마이크로소프트는 '모바일 퍼스트, 클라우드 퍼스트'라는 전략을 내세웠다. 이 전략에 따라서 2014년부터 클라우드 사업에 집중 투자하고 애저라는 서비스를 만들어 시장에 선보였다. 설치용이던 MS 오피스를 클라우드 방식인

미국 워싱턴 시애틀에 아마존 고의 첫 번째 매장이 있다.

오피스 365로 혁신하고, 오픈소스 기반의 클라우드를 개발해 다양한 고객사에서 사용할 수 있는 환경을 실현한 것이다.

자동차와 비행기 엔진을 만드는 회사 롤스로이스는 마이크로소프트의 '애저 사물인터넷 스위트'를 적용해 데이터를 수집한다. 이 회사는 항공기엔진에 설치된 센서가 수집하는 엔진 회전수, 온도, 압력 등의 데이터와 항공교통 상황, 날씨 등을 결합해 엔진을 관리하고 있다. 정비하는 데 드는 유지보수비를 절약하고 더욱 정확하게 엔진 상태를 예측할 수 있어서 안전하고 경제적으로 운용할 수 있다고 한다.

우리나라에서는 삼성전자가 사물인터넷 사업에 가장 적극적이다. 냉장고, 세탁기, TV 등 가전제품을 스마트홈 플랫폼에서 관리하고 있으며 인공지능 스피커인 '갤럭시 홈 미니'를 통해서 스마트홈 허브 시장을 노리고 있다. 특히 고질적이던 호환성 문제를 해결하기 위해 열린 입장을 취하고 있다는 점이 주목할 만하다. 갤럭시 홈 미니는 삼성 제품은 물론 구형 가전, 다른 회사 제품까지 호환할 수 있게 개발되었다. 이러한 호환성을 바탕으로 가전제품의 고장 유무, 교체 시기, 화재 등 가정 내 위험 상황을 감지해 알려 준다. 기존 삼성의 사물인터넷 플랫폼인 '스마트싱스'와 연계해 가정 내 사물인터넷 허브로 자리 잡아 갈 계획이다.

똑똑해진 사물들의 대화

사람의 개입 없이 알아서 연결하는 정보들

사람과 사람의 대화에서 정보가 오가던 시대, 사람이 사물에 정보를 전달하거나 사물이 사람에게 정보를 계산해 주던 시기를 지나서 이제는 사물과 사물 사이의 정보가 자동으로 이루어지는 시대다. 이것이 사물인터넷의 본질이다. 다시 말하면 나를 둘러싼 컴퓨터, 기계, 스마트기기가 별도로 조작하지 않아도 알아서 정보를 주고받는 것이다.

먼저 사물인터넷이 정확히 어떤 개념인지 살펴보자. 사물인터넷은 다양한 사물에 센서와 네트워크를 연결하는 시스템을 말한다. 과학기술정보통신부의 정의에 따르면 "사물인터넷은 사람, 사물, 공간, 데이터 등 모든 것이 인터넷으로 서로 연결되어 정보가 생성·수집·공유·활용되는 초연결 인터넷"이다.

　사물인터넷을 하나의 영역으로 구분하기는 어렵다. 각 영역을 연결하는 기능 자체라서 하나의 산업군으로 보기에는 적합하지 않다는 의견이 많다. 이러한 논쟁은 사물인터넷이 등장한 초기부터 있어 왔다.

　사물인터넷이라는 용어는 1999년 MIT에서 평소에 사용하는 가전과 같은 사물에 RFID를 포함한 다양한 센서가 설치될 것이라고 전망한 데서 출발했다. 그리고 그 예측은 이미 적중했다고 보는 시각이 일반적이다. 스마트토스터기를 비롯해 스마트냉장고, 스마트도어록, 스마트침대 등이 시장에 소개되고 있기 때문이다. 그러나 초기에는 RFID와 같은 작은 칩이 큰 주목을 받기는 어려웠다. 이후 기술의 발전으로 사물 사이의 통신인 M2M^{Machine to machine}이라는 개념이 등장하면서 사물인터넷의 가능성이 드러났다고 할 수 있다.

　오늘날 사물인터넷은 좀 더 포괄적이며 분석적인 개

RFIDRadio Frequency IDentification

보이지 않는 주파수로 사물의 정보를 읽고 구별하는 기술이다. 무인으로 도서를 대출하고 반납할 수 있는 스마트 도서관 시스템이 대표적이다. 도서관 책에는 RFID 칩이 붙어 있고 각각 다른 주파수를 가지고 있다. 그 덕분에 여러 권의 책을 한꺼번에 올려놓아도 한번에 빌릴 수 있다.
RFID는 농수산물의 원산지 식별, 물류의 입출입에 필요한 정보를 확인하는 일 등에도 광범위하게 사용되고 있다. 이 기술을 활용하면 많은 양의 제품을 손쉽게 파악해 생산, 유통, 관리할 수 있게 되어 효율적이다.

넘으로 사용된다. 사물들끼리 소통하거나 대화한다는 표현이 어색하게 들릴 수도 있다. 그러나 블루투스, 근거리 무선통신NFC, 5G 등이 적절히 사용되면서 실제로 정보가 실시간으로 흐를 수 있게 연결해 주고 있다. 블루투스나 근거리 무선통신을 이용해서 가까운 거리에 있는 기기끼리 소통할 수 있다. 블루투스 스피커와 스마트폰을 연결해 음악을 듣는 일이 대표적이다. 스마트폰 내 결제 기능과 연동해 매장에서 물건을 담기만 해도 계산대로 정보가 가는 근거리 통신도 자주 사용된다. 또한 빠른 속도로 달리는 차량이나 서로 다른 지역에 있을 때도 원거리 무선통신 기술 덕분에 바로바로 소통할 수 있다. 우리가 매일 사용하는 스마트폰에 적용되는 무선 기술인 LTE, 5G 등이 좋은 예다.

사물인터넷은 인터넷과 센서, 소프트웨어가 눈부시게 발전하면서 등장했다고 볼 수 있다. 추운 겨울날 차에 시동을 걸고 내비게이션의 목적지를 집으로 설정하면 내비게이션이 실시간 교통 정보를 확인해서 가장 빠른 길을 안내해 준다. 집에서는 센서가 작동해 온풍기나 보일러를 돌려 미리 집을 따뜻하게 하고, 차량이 도착할 즈음 주차장의 문을 자동으로 열어 준다. 이것이 사물과 사물과의 소통을 보여 주는 대표적인 예다. 주어진 패턴에 따라 사용자를 분석한 사물인터넷이 사용자가 말하기 전에 필요한 환경을 마련해 주는 것이다.

급성장하는 사물인터넷 시장

그렇다면 얼마나 많은 사람이 사물인터넷을 사용하고 있을까? 시장분석 기관인 IOT애널리틱스에 따르면 2017년 1,100억 달러였던 사물인터넷 시장이 2025년에는 1조 5,000억 달러를 돌파할 것이라고 한다. 또한 각 가정에서 사용하는 사물인터넷 기기가 2015년에는 10대 정도였는데 2022년에는 50대까지 늘어날 전망이다. 정보통신 회사 시스코는 전 세계 사물인터넷 기기의 수가 2013년 100억 개에서 2020년에는 300억 개에 달할 것이라고 예측하기도 했다.

사물인터넷 시장에서 가장 높은 성장세를 보이는 분야는 자동차, 스마트시티, 헬스케어다. 특히 4차 산업혁명의 주요 기술을 이끄는 미국 시장에서는 2~3년 안에 1인당 평균 약 10대의 사물인터넷 기기를 사용할 것으로 보인다.

우리나라도 1인가구 증가와 고령화로 사물인터넷의 사용량이 폭발적으로 늘어날 것으로 보인다. 1인가구가 서울 전체 가구의 25퍼센트를 돌파하면서 외출할 때 필요한 집안 관리 같은 일이 사물인터넷 기기로 대체되고 있다. 또한 고령화 현상에 따라 노인인구가 많아지면서 만성질환 역시 늘어나는 흐름이다. 이는 스마트헬스케어 시장이 커진다는 뜻이다. 고혈압, 당뇨 같은 만성질환 환자가 스마트기기를 휴대한다면 저혈당으로 인한 쇼크, 급성 심장질환 등으로 인한 인명 피해를 줄일 수 있기에 관련 의료 정책이 활발히 전개되고 있다.

사물인터넷은 모든 곳에

우리나라 과학기술정보통신부의 발표에 따르면 국내 사물인터넷 시장 규모는 2018년 기준으로 8조 6,081억 원에 이른다. 사물인터넷은 스마트홈뿐 아니라 스마트팩토리, 스마트농업 등 산업에서, 그리고 교통, 헬스케어, 환경산업 등 공공 분야에서 두루 활용되고 있다.

1. 스마트홈

앞에서 소개한 것처럼 집은 사물인터넷 기술이 처음으로 등장한 공간이다. 스마트TV, 스마트냉장고, VR 헤드셋, 경보 시스템, 화재 방지 시스템 등이 그 예다. 초기의 스마트홈 시스템은 집 안에 있는 가전과 연결해 사용자의 생활을 편리하게 해주는 것이 목표였다. 예를 들어 매일 양치질을 했는지 알려 주는 스마트칫솔, 반려동물의 사료 통을 시간에 맞추어 여는 자동급식기 등이었다.

최근에는 가정 내 사물인터넷의 다른 활용법이 크게 주목받고 있다. 1인가구의 경우 외출한 뒤에 가스레인지를 조절해 화재 상황을 예방하거나 CCTV를 이용해 외부인이 침입하지 못하게 감시할 수 있다.

애플리케이션과 연결된 스마트센서로 집을 관리할 수 있다.

우리나라 전체 인구의 14퍼센트에 달하는 65세 이상의 노인을 위해서도 다양한 사물인터넷 제품이 소개되고 있다. 독거노인 대상으로 개발된 휴대용 사물인터넷 기기는 위급 상황에 자동으로 경찰과 119에 연락한다. 예를 들어 오랫동안 움직임이 없다거나 낙차가 큰 움직임이 있을 경우 위급 상황으로 인식해 응급구조를 받을 수 있도록 돕는다. 늘어나는 노인 치매환자를 돌보는 데에도 움직임을 감지하는 센서가 부착된 사물인터넷 제품이 활용된다. 이와 같이 최근에는 편리함을 넘어 사람의 생명이나 안전과 관련된 스마트홈 제품과 서비스가 다양하게 생기고 있다.

또한 주거 단지의 CCTV 관리, 출입 통제, 생체 인식, 통합 보안 서비스 등 보안 분야도 스마트홈에서 중요한 요소다. 최근 분양되는 아파트에서는 보안은 물론 택배, 위생 등에도 인공지능을 접목해 다양한 사물인터넷 서비스를 제공한다.

2. 스마트팩토리, 스마트농업 등 산업 분야

사물인터넷의 더욱 큰 시장은 산업 분야라고 할 수 있다. 공장의 모든 설비와 시스템에 사물인터넷을 연결한다면 제품을 만드는 공정을 중앙에서 손쉽게 관리할 수 있다. 체계적인 모니터링을 통해 생산성이 향상되고 불량률이 줄어드는 것이다.

IT 기술을 활용해 효율성을 높인 공장을 스마트팩토리라고 한다. 스마트팩토리에서는 사물인터넷 센서를 이용해 각 공정을 실시간으로 확인하고, 재고 현황을 원격으로 관리하며, 자동 보고 시스템 등을 통해서 공정에서 생기는 문제점을 미리 파악하고 대응할 수 있다. 이는 단순히 공장 안에서만 이루어지는 이야기가 아니다. 원재료를 주문할 때가 되면 재고를 자동으로 파악해 원재료를 납품하는 협력사에게 알람을 보내기도 한다. 스마트팩토리는 이렇게 주문 발주부터 배송까지 모든 과정이 효율적으로 관리된다는 점에서 주목받고 있다.

독일의 지맨스는 이 기술을 효과적으로 활용하는 대표 기업이다. 이 기업은 1,000개 이상의 센서를 통해서 공장을 관리한다. 센서가 불량품이나 불량 공정을 인지하는 순간 가동을 멈추고 개선한다. 이를 통해 완제품으로 나오기 전까지 파악하기 어려웠던 불량품을 찾아내 불량률을 최소화하고 생산량을 늘리고 있다.

농업 분야에서도 사물인터넷을 점점 더 많이 적용하고 있다. 예를 들면 농작물별 특성을 반영해 적정한 온도와 습도를 제공하고, 병충해 발생 시 제때 대처할 수 있도록 도와준다. 대규모 경작지에서는 드론에 달린 카메라를 통해서 작물의 발육 상태를 알 수 있으며, 병충해 지역을 정확히 파악해 적극적으로 대응하는 데 활용되고 있다. 미국의 트랙터 회사인 탑콘은 사물인터넷의 위치추적 센서를 이용하고 있다. 트랙터가 한 번 지나가면서 씨를 뿌린 라인에는 다시 진입하지 않도록 만들어 업무 효율을 높이고 비용을 줄이는 데 성공했다.

축산업에서는 미국의 제이엠비 노스 아메리카라는 기업이 임신한 소를 관리하는 시스템을 개발해 소개하기도 했다. 이 시스템에는 여물통에 물이 떨어지면 실시간으로 알림을 주는 기능이 있다. 우리나라의 한 이동통신사에서는 사탕수수와 옥수수 성분으로 만든 친환경 캡슐을 소의 체내에 투입해 소의 이력과 질병을 관리하는 방법을 개발하기도 했다.

3. 스마트교통, 스마트주차 등 공공 분야

뉴욕과 같은 거대도시에서는 하루 동안 쌓이는 쓰레기양이 얼마나 많은지 가늠할 수 없을 정도다. 이러한 문제를 해결하기 위해 스마트쓰레기통이 등장했다. 이 쓰레기통은 사람들의 이동 경로를 실시간으로 파악해 도로의 휴지통에 얼마나 많은 쓰레기가 쌓이는지 알아낸다. 그리고 쓰레기통이 가득 차서 도시 미관을 해치기 전에 수거 트럭을 보내서 비운다. 이 작업을 통해서 불필요한 출동에 따른 경비를 절감하고 쓰레기가 넘쳐서 생기는 악취나 환경 훼손 등의 문제를 미리 막을 수 있다. 비슷하게 미국의 신시내티에서는 가정의 쓰레기 배출 상태를 모니터링해 비용을 부과하는 시스템을 적용해 과도한 쓰레기 배출을 막고 환경을 개선하는 데 활용하고 있다.

대표적 IT 기업인 퀄컴이 음악페스티벌에서 활용한 기술에서도 좋은 사례를 찾을 수 있다. 퀄컴은 이 행사에서 청소가 필요한 곳이 어디인지 실시간으로 확인하고 반응했고, 기념품 키오스크의 상품 가격을 태블릿에서 볼 수 있도록 제공하기도 했다.

스마트주차 프로그램은 도심의 극심한 주차난을 해소하는 데 도움을 주고 있다. 운전자가 스마트폰으로 주차할 지역을 찾을 때 정보를 주고, 불법주차 지역에 주차하면 알람을 보내는 방식이다. 스마트주차 전문 기업도 속속 등장하고 있다. 스마트주차용 애플리케이션을 설치하면 목적지 근처 주차장의 주차 가능 여부를 알려 주고, 내 차의 내비게이션에 연결되어 주차장 진입로까지 안내해 주며, 주차장을 나올 때는 정산 요원을 만나지 않고도 자동으로 결제해 준다.

공공 분야에 적용되는 또 다른 사례는 스마트가로등이다. 스마트가로등은 차량의 접근을 센서로 파악해 가로등을 켜고 끄며 밝기를 조절한다. 이 기능을 통해서 에너지를 아낄 뿐 아니라 차량 통행의 데이터를 쌓아 스마트시티를 세우는 일에 기여하고 있다. 차량이 늘어나 교통이 혼잡할 때 통제할 수 있도록 도움을 주고, 주차나 안전 문제가 발생했을 때 바로 확인하고 제때 유지보수를 할 수 있다. 스마트가로등은 교통사고를 예방하고 운전자가 편리하게 운행하도록 돕는다.

실제로 스페인의 바르셀로나에서는 어두침침한 거리에 스마트가로등을 설치해 사용 중이다. 카타르 도하와 브라질 상파울로에서는 상하수도 시스템에 센서가 부착된 사물인터넷을 설치해 누수 지점을 파악하고 관리한다. 그 덕분에 40~50퍼센트의 누수를 예방하는 효과를 거두고 있다.

사물인터넷을 이용해 공공안전을 지키기도 한다. 각 지역에 설치한 센서를 통해서 모은 데이터로 폭우 가능성을 예측하고 안전한 환경을 만들기 위해 노력하고 있다. 사물인터넷 덕분에 자연재해를 대비하고 인명 피해도 줄일 수 있게 되었다.

최근 스마트시티에 관심이 높아지며 많은 나라에서 그 첫 걸음으로 지능형 교통시스템을 세우고 있다. 도심 교통 상황에 실시간 대응을 할 때 사물인터넷 기술이 활용된다. 지능형 교통시스템은 고속도로의 교통체증과 도로 사정을 실시간으로 파악함으로써 교통사고율과 통행시간을 줄이는 데 기여하고 있다. 앞으로 다가올 자율주행차 시대에는 스마트 교통관제시스템이 도로의 새로운 신호등으로서 본격적인 역할을 하게 될 것이다.

4. 스마트헬스케어

의료 분야는 사물인터넷의 등장을 가장 반기는 영역이 아닐까 싶다. 의료진의 손길이 다 닿을 수 없는 산간 오지부터 급작스러운 질병으로 생명이 위독해진 노인 환자에 이르기까지, 스마트헬스케어의 등장은 확대된 의료복지나 다름없다.

가장 일반적으로 소개되는 분야가 손목형 웨어러블 디바이스다. 바로 스마트워치를 말한다. 손목에 차기만 하면 걷는 속도, 이동량, 체온, 혈압 등을 알려 주며 신체의 미세한 변화까지 감지해 위기 상황을 대비할 수 있게 해준다. 또한 체중을 감량하거나 체력을 늘리려는 사람이 운동 시간과 소모 열량을 확인할 수 있게 돕는다.

또 다른 웨어러블 헬스케어 기기로 입 냄새 측정기가 있다. 입 냄새는 감추어야 할 일로 생각하기 쉽지만, 실제로는 위를 포함한 소화기관의 질병을 알려 주는 중요한 역할을 한다. 따라서 입 냄새 측정기를 이용하면 몸 상태를 확인할 수 있다. 자외선지수를 실시간으로 측정한 뒤 스마트폰과 연결해 관리해 주는 제품도 있다. 심장이 약한 사용자의 건강 상태를 체크하기 위해서 몸에 부착하는 형태의 웨어러블 기기도 있다. 심박수를 측정하고 심장마비 징조를 미리 알아차려 스마트폰에 제공한다. 이를 바탕으로 의료진이 제때 처치할 수 있다.

최근에는 생체인식형 사물인터넷도 등장하고 있다. 가전회사인 소니는 눈을 깜빡여서 카메라를 켜고 사진을 찍는 기술에 특허를 내기도 했다. 이는 다양한 용도로 사용되겠지만, 특히 신체 장애가 있는 사람이 편리하게 사용할 수 있을 것으로 보인다.

또한 노령인구가 증가하면서 당뇨, 고혈압, 이상지질혈증 등 기저질환다른 질병의 원인이 되는 질병을 가진 환자가 급격히 늘고 있다. 사물인터넷이 이들에게 적절한 의료 서비스를 제공할 수 있다. 예를 들어 당뇨환자의 몸에 혈당 측정기를 삽입하면 매일 바늘침으로 손을 찔러서 혈당을 체크하지 않아도 되고, 실수로 빼먹거나 잘못 측정하는 일도 없어진다. 의료진이 혈당 상태를 실시간으로 확인할 수도 있으며, 필요할 때 인슐린이 공급되어서 저혈당 위험으로부터 환자를 보호할 수 있다.

그뿐만이 아니다. 기존의 보청기로 도움을 받지 못하는 청각장애인에게 인공와우를 삽입해 정확하게 소리를 들을 수 있도록 돕는 일에도 사물인터넷이 사용된다. 이와 같이 헬스케어산업에 다양한 사물인터넷 기기가 보급됨에 따라 지역별·소득별 의료혜택 불균형을 조금이나마 해소하는 기회가 되고 있다.

사물인터넷을 가치 있게 만드는 플랫폼

사물인터넷 지휘 본부

앞에서 기기 간의 소통, 즉 사물과 사물 사이의 소통에 대해서 설명했다. 이러한 소통에 필요한 것은 상황을 파악할 수 있는 감지기기다. 이를 센서sensor라고 부르며 온도, 기온, 가스 등을 감지하는 기기, 원격감지기, CCTV 등 다양한 센서가 이미 생활 속에서 사용되고 있다. 센서가 수집한 데이터는 네트워크를 통해 서버나 클라우드에 저장된다. 이 센서들이 원활하게 작동하도록 하며, 데이터로서 가치 있게 만드는 것은 바로 사물인터넷 플랫폼이다.

　사물인터넷 플랫폼의 역할을 이해하는 것은 매우 중요하다. 플랫폼은 생활, 산업, 공공 등 다양한 영역에서 사물인터넷이 사용되도록 하는 지휘 본부다. 플랫폼을 어떻게 설계하느냐에 따라서 제공되는 서비스와 정보의 활용도가 달라지며, 그에 따라 가치도 달라지기 때문이다. 따라서 플랫폼 설계자는 비즈니스모델을 명확하게 이해하고 어떤 고객에게 어떤 형태의 정보를 제공할 것인가에 대한 그림을 그릴 수 있어야 한다.

네트워킹 기술, 센싱 기술, 인터페이스 기술

사물인터넷 플랫폼이 제대로 작동하도록 도와주는 주요 기술이 3개 있다. 바로 네트워킹 기술, 센싱 기술, 인터페이스 기술이다. 센서를 통해서 데이터를 수집한 뒤 네트워크로 전송하고 사용자가 가진 단말의 인터페이스애플리케이션에서 정보가 활용될 때 비로소 사물인터넷 플랫폼의 가치가 생긴다. 이에 관해 살펴보자.

먼저 네트워킹 기술은 요즘 주목받는 5G 같은 초고속 무선통신망은 물론 와이파이, 블루투스 등이 포함된 개념이다. 가까운 거리에서 사물인터넷이 소통하기 위해서는 와이파이, 블루투스 같은 근거리통신이 구현되어야 하며, 이를 빠르게 중앙 서버에 전송하기 위해서는 5G나 LTE 같은 무선통신이 필요하다.

최근 새롭게 등장한 5G는 교통사고나 조난 등 위급 상황을 지체 없이 알릴 때 활용되어 사람의 생명을 구하는 데 기여하기도 하고, 원격 수술처럼 대용량 영상이 지연 없이 전달되어야 하는 분야에서 적극 활용된다. 자율주행차에 5G를 적용하면 도로 상황을 감지하는 속도가 빨라져 급제동이나 전면 돌발 장애물 회

> **트래픽**
>
> 전화나 인터넷 연결선으로 전송되는 모든 통신, 데이터의 양을 말한다. 트래픽 양이 많다는 것은 전송되는 데이터의 양이 많다는 뜻이다. 트래픽이 너무 많으면 서버에 과부하가 걸려서 기능에 문제가 생기기도 한다. 예를 들어 어떤 웹페이지에 한꺼번에 많은 사람이 접속하면 '해당 사이트는 트래픽 초과로 차단되었습니다.' 같은 문구가 나온다. 이러한 상황이 발생하면 서버의 트래픽이 줄어들 때까지 웹페이지에 접속하기 어렵다.

피를 할 수 있다. 이를 통해 과거에는 피할 수 없었던 사고를 막을 수 있을 것으로 보인다.

센싱 기술은 다양한 센서를 통해서 우리를 둘러싼 정보들을 습득하는 기술이다. 대표적인 센서로는 CCTV, 음향기기, GPS, 지문 인식기, 홍채 인식기 등이 있다. 센싱 기술 초기에는 주변의 온도나 미세먼지 상태, 습도 등의 데이터를 비접촉 센서를 이용해 수집하는 정도였다. 하지만 최근에는 3D 센싱 기술이 도입되어 더욱 풍부한 데이터를 모으게 되었다.

3D 센싱 기술은 운전자의 동공 움직임을 파악해 운전자가 바라보는 방향에 있는 레스토랑에 예약을 하거나, 그 장소에 대한 정보를 제공하는 등 혁신적으로 발전했다. 실제로 BMW에서는 운전자의 손가락이 가리키는 방향에 있는 레스토랑을 예약할 수 있는 기능을 갖춘 센서를 2021년도부터 차량에 설치한다.

인터페이스 기술은 스마트폰의 애플리케이션과 같다고 생각하면 된다. 데이터를 단순히 보여 줄 뿐 아니라, 사용자의 목적에 맞게 맞춤형으로 제공하는 것이다. 예를 들어 비닐하우스에서 딸기 농사를 짓는 경우를 생각해 보자. 농부는 스마트폰에 애플리케이션을 설치한 후, 적정한 온도나 채광을 손쉽게 확인한다. 또한 병충해가 발생했을 때도 발생한 지점을 파악해 빠르게 조치할 수 있다. 이와 같이 사용자의 목적에 맞는 애플리케이션을 개발하고 디자인하는 영역 또한 미래산업에서 매우 중요한 역할을 담당할 것으로 보인다.

사물인터넷의 현주소

아직도 가야 할 길은 멀다

사물인터넷이 '만능 치트 키'는 아니다. 삶이 편리해지는 만큼 골치 아픈 일도 쌓이기 때문이다.

사물인터넷 기기의 수가 조만간 300~500억 대를 넘길 것이라고 예측한다. 이럴수록 더욱 중요하게 여겨지는 분야가 보안이다. 세계가 사물인터넷 장막에 휩싸인 상황에서 해킹이 일어난다면 다 함께 혼돈에 빠질 것이기 때문이다.

사물인터넷 기기가 해킹되면 사용자의 개인정보는 물론 안전까지 위협받을 수 있다. 실제로 미국 애틀랜타시는 시스템 취약성에 대한 수차례의 경고를 무시하고 아무런 조치를 취하지 않다가 랜섬웨어의 공격을 받아서 수천만 달러의 피해를 입었다.

보안 문제는 사물인터넷이 늘어날수록 고려해야 할 첫 번째 사항이라고 할 수 있다.

두 번째는 응급용 웨어러블 기기, 생체인식 사물인터넷이 제때 작용하지 않아서 생기는 기술 오류 문제다. 환자나 고령 사용자에게 위기

> **랜섬웨어**Ransomeware
>
> 사용자의 소프트웨어를 암호화시키고 사용 불능 상태로 만든 후 해제를 조건으로 몸값ransome을 요구하는 소프트웨어 사기 수법이다. 최근에는 개인뿐 아니라 공공기관의 집단적 피해가 늘어나고 있어서 백업이나 백신 소프트웨어의 설치 관리 등 대응이 필요하다.

가 닥친 순간에 사물인터넷이 제대로 작동하지 않을 수도 있다. 더 심각한 예를 들자면 자율주행차에 설치된 사물인터넷의 시스템 오류로 데이터가 제때 전송되지 않으면 무시무시한 교통사고가 날 수도 있다. 이 외에도 고장 났을 때 수리하고 복구하는 방법, 노후화에 따른 교체 방법 등 아직은 해결하지 못한 문제가 남아 있다. 사물인터넷의 센서는 이미 수백억 개에 이르니, 어떻게 운용하고 관리할지가 앞으로의 큰 과제다.

세 번째 우려는 사물인터넷과 관련된 전문 인력이 부족하다는 점이다. 지금까지 열거한 문제나 부족한 부분을 해결하려면 현재 인원으로는 역부족이다. 이미 세계은행은 ICT 분야의 인력이 부족할 것이라는 전망을 밝혔다. 이는 미래의 직업을 고민하는 청소년에게는 희망적인 소식일 수 있다. 사물인터넷과 같은 미래의 블루오션을 사전에 파악하고 체계적으로 공부하면 좋겠다.

그러나 아직 우리나라 교육 환경에는 사물인터넷 전문가를 양성하는 프로그램과 자원이 부족하다. 예를 들어서 서구의 청소년들은 일반적으로 아두이노와 라즈베리파이를 배운다. 아두이노와 라즈베리파이는 사물인터넷 센서에 부착하는 대표적 하드웨어인데, 우리나라에서는 배울 기회가 상당히 부족하다.

2005년 개발된 아두이노는 오픈소스 하드웨어다. 오픈소스인덕분에 저렴하게 많은 사람이 사용할 수 있어 앞으로 활용도가올라갈 것으로 보인다. 현재는 주로 어린이를 위한 교보재 프로그램에 적용되고 있다. 라즈베리파이는 초소형 컴퓨터 개념으로 2006년 개발된 교육용 하드웨어다. 무엇보다 사용자의 목적에 따라서 다양한 기능을 연결할 수 있다는 장점이 있다.

이렇게 대중적으로 사용되는 하드웨어는 물론 소프트웨어에 대한 체계적인 교육이 뒷받침되지 않는다면 빠른 성장세를 보이는 사물인터넷 시장에서 기회가 점점 줄어들 수밖에 없다.

아두이노Arduino

명령이 입력되면 그에 맞게 결과가 출력되는 과정을 단순화한 작은 컴퓨터 프로그램이다. 아두이노는 누구나 조립하고 사용할 수 있도록 프로그램이 공개되어있어서 사용자가 손쉽게 조작해 자신이원하는 명령을 입력하고 출력하는 데 폭넓게 사용되고 있다. 고양이에게 정해진시간마다 먹이를 주는 프로그램을 만들수도 있고, 간단하게는 원격으로 전등을켜고 끌 수 있게 하는 등 실생활에 사용할 만한 시스템을 쉽게 만들 수 있다. 따라서 어린이들에게 사물인터넷 센서를교육하는 프로그램으로 많이 활용된다.

기술을 연계하는 기술

그렇다면 사물인터넷 전문가 혼자서 이 모든 일을 할 수 있을까? 다양한 센서를 설계하고, 소프트웨어를 개발하는 것은 물론, 네트워크 연동과 데이터 저장·가공, 그리고 이 모든 것을 통제하고 맞춤형 서비스를 제공하는 플랫폼의 운영과 유지보수

> **라즈베리파이Raspberry Pi**
>
> 2006년 하나의 프로젝트로 개발된 미니 컴퓨터로 손바닥만큼 작은 보드에 cpu 등의 기능이 탑재되어 있다. 일반적인 컴퓨터에서 마우스, 키보드가 없다고 생각하면 이해하기 쉽다. 라즈베리파이의 특징은 사양이 정해진 기존 컴퓨터와 달리 다양하게 연결해 여러 용도로 쓸 수 있다는 것이다. 아두이노보다 확장성이 넓다고 평가받고 있으며, 몇 개의 모듈을 추가해 스마트폰으로도 사용할 수 있을 만큼 다양한 서비스 적용이 가능하다.

까지. 한 사람이 온전히 해내기는 현실적으로 어렵다. 사물인터넷 분야 역시 4차 산업혁명 시대에 새롭게 등장하는 다른 직업군과 마찬가지로 협동이 강조되는 분야라고 할 수 있다.

4차 산업혁명 시대에 등장하는 다양한 기술이 단독으로 사용되는 일은 거의 없다. 그중에서도 사물인터넷은 특히 더 그렇다. '기술을 연계하는 기술'이라고 불릴 정도다. 사물인터넷은 의료, 교육, 에너지, 교통, 농업, 항공 등 생활과 산업 전반에 걸쳐 적용된다. 즉, 분야의 한계가 없다. 이 사실을 다르게 생각하면 그만큼 각각의 분야에 맞는 전문 인력이 필요하고, 더불어 해당 분야에 대한 이해가 높아야 한다는 뜻이다.

따라서 사물인터넷 전문가는 수직적으로는 시스템의 기획, 설

계부터 개발, 운용, 유지 보수에 이르는 영역을 담당한다. 이 수직적 구조의 깊이 있는 지식을 갖거나, 지식과 경험을 갖춘 각 분야 전문가들과 유연하게 협업할 수 있어야 한다. 수평적으로는 의료, 교육, 에너지, 교통, 농업, 항공 등 다양한 분야에서 활용하려는 사물인터넷 기술을 사용자의 필요에 맞게 설계하고 개발, 적용하는 일에 능숙해야 한다. 이를 위해서 다양한 분야의 전문가와 소통하는 능력이 필요하다. 수직, 수평적으로 쌓은 넓은 경험을 통해서 각기 다른 사용자의 요구 사항에 맞는 서비스를 제공할 수 있게 될 것이다.

진로 찾기 웨어러블 기기 디자이너

사물인터넷 초기에는 온도계나 습도계, CCTV 등과 같이 인체에 접촉할 필요가 없는 기기가 주를 이루었다. 그러나 최근에는 스마트헬스케어와 스마트홈 시장의 급격한 성장에 맞추어 사람이 휴대할 수 있는 기기, 즉 다양한 웨어러블 기기가 소개되고 있다. 스마트워치의 경우만 해도 애플, 삼성이 각기 다른 디자인의 제품을 소개하고 있고, 구매자들 역시 기능뿐 아니라 디자인을 중요하게 본다. 자기 자신의 개성을 담을 수 있는 기기를 선택하는 것이다.

'내 취향을 아는' 기계에 먼저 손이 가는 것은 당연하다. 달리 말하면, 사용자가 원하는 것을 이해하고 이에 맞게 디자인하는 제조사가 시장에서 승리한다는 뜻이다. 앞으로는 각양각색의 취향을 겨냥한 맞춤형 웨어러블 기기의 수요가 증가함에 따라서 유능한 웨어러블 기기 디자이너를 찾는 기업이 많아질 전망이다.

웨어러블 기기 디자이너가 되려면 어떤 준비를 해야 할까? 이 분야에 관심이 있는 지원자는 먼저 사물인터넷 기술에 대해 전반적으로 이해하고 있어야 한다. 사물인터넷의 플랫폼, 센서, 네트워크, 무엇보다 인터페이스에 해당하는 애플리케이션을 이해하는 일은 실제 웨어러블 기기를 디자인하는 데 꼭 필요하다. 이를 위해서는 통신공학, 컴퓨터공학, 소프트웨어공학의 기초 이론에 대한 지식을 갖춰야 한다.

또한 디자인을 할 때 플랫폼, 센서, 네트워크 전문가들과 수시로 의견을 교환해야 한다. 사물인터넷 기기를 제대로 디자인하려면 각 분야 전문가들과 원활하게 소통하는 것이 중요하며, 이를 위해서 사물인터넷 관련 언어와 사물인터넷 사용 환경에 대한 맥락을 잘 이해해야 한다.

무엇보다 디자인이 제품의 구매 단계에서 가장 큰 영향을 미치는 요소 중의 하나라는 책임감과 자부심을 가져야 한다. 고객의 성향에 꼭 맞는 웨어러블 기기를 디자인하기 위해서는 고객 친화적인 사고방식으로 접근해야 한다. 인공와우를 디자인한다고 가정할 때, 청각장애인들이 요구하는 사항이 무엇이며 불편 사항이 무엇인지를 파악하고 개선하는 방향으로 디자인해야 한다. 단순히 심미적인 관점이나 첨단 이미지를 잘 나타낸다고 해서 바람직한 디자이너가 되는 것은 아니기 때문이다. 실제 사용자의 입장에서 고객 친화적인 디자인을 했는지에 대한 검열이 끊임없이 필요한 직업이다.

이러한 자세와 업무 태도를 바탕으로 창의적인 아이디어를 구현할 수 있는 능력이 필요하다. 디자인 소프트웨어를 자유자재로 활용해 각기 다른 용도와 욕구에 맞는 제품의 디자인을 해내는 것이 무엇보다 중요하기 때문이다.

이를 위해서는 대학에서 컴퓨터를 활용한 디자인을 배우고 다양한 프로젝트 경험을 지속적으로 쌓아 가는 것이 좋다. 나아가 다양해지는 웨어러블 기기를 지속적으로 탐구해야 한다.

또한 좀더 전문적인 영역을 개척하기 위해서는 세상에 필요한 웨어러블 기기가 무엇일지 먼저 생각하자. 디자인 초안을 작성한 후 다른 사물인터넷 기술 전문가와 협업하는 구도를 가지고 가는 것도 바람직하다. 건축가가 먼저 초기 설계를 통해서 원하는 건축을 이미지화하고 이후에 설비, 자재 전문가와 구체적인 의견을 공유하는 과정과 비슷하다고 할 수 있다. 일반적으로 디자인은 제품의 마지막에 고려되는 경우가 많은데, 사물인터넷에서는 그렇지 않다. 활용 목적이 정해지면 바로 사용자에게 편리한 디자인을 제공하는 것이 그 활용성을 높이는 데 직접적으로 관련이 있다. 사물인터넷 웨어러블 기기 디자이너는 사용자가 사물인터넷 기기를 자주 그리고 편리하게 사용할 수 있도록 도와주는 중요한 역할을 한다.

사물인터넷 개발자는 수많은 센서를 통해서 수집한 정보를 목적에 맞게 구현하는 소프트웨어 프로그래머라고 할 수 있다. 적용 분야마다 요구하는 역량은 조금씩 다르다. 예를 들어 자율주행차 분야에서는 달리는 차량과 주변 센서가 소통하며 데이터를 수집하고 가공한다. 이를 통해 상황을 인식하고 판단할 수 있는 프로그램을 기획하는 능력이 필요하다. 또 의료 분야에서는 환자의 생체정보를 수집하는 센서를 통해서 실시간으로 데이터를 전달하고 사용자와 의사가 쉽게 확인할 수 있는 스마트폰 애플리케이션을 개발하는 일을 하기도 한다.

무엇보다 기초적으로 통신공학, 컴퓨터공학, 전자공학, 제어계측공학, 소프트웨어공학 등 시스템에 대한 전반적 지식을 쌓아야 한다. 이에 더해 소프트웨어를 설계하는 데 필요한 프로그램, 운영체제 등에 대한 전문 지식이 필요하다.

사물인터넷의 다양한 분야에 응용할 수 있는 프로젝트 수행 경험도 중요하다. 소프트웨어 프로그램에 대한 이해가 높아야 하는데, 프로그램 설계부터 적절한 프로그래밍 언어를 자유자재로 적용할 수 있는 능력이 필요하며, 네트워크와 빅데이터에 대한 기본 지식을 갖추고 있어야 한다.

사물인터넷 프로그래머는 오케스트라의 지휘자와 같다. 전문가들에게 방향성을 제시하고 협업을 이끌어 내어 하나의 목적을 달성하도록 지휘하는 사람이기 때문이다. 만약에 초기에 프로그램을 잘못 설계하면 해당 사물인터넷의 기능이 제대로 작동하지 않을 수 있고, 해킹에 취약한 프로그램을 설계하면 위험한 사고가 생길 수도 있다. 따라서 전반적인 사물인터넷 프로그램의 목적을 이해하고 리스크 요인과 비용 등을 총괄적으로 고려할 수 있어야 한다.

사물인터넷이 발전해 갈수록 분야가 세분화될 것으로 보인다. 스마트홈, 스마트농업, 스마트팩토리, 스마트헬스케어, 자율주행 등 특정 분야에서 깊이 있는 프로젝트를 경험한 전문가가 점점 더 필요해질 것이다. 해당 분야의 전문 프로그래머가 되기 위해서는 당연히 그 분야의 산업에 대해 이해하고 있어야 한다.

여기에 더해 최근 주목받는 인공지능, 빅데이터에 대한 이해가 높다면 전문가로서 성장할 기회가 많을 것이다. 예를 들어서 스마트헬스케어 분야의 프로그래머가 되고 싶다면, 스마트헬스케어 사물인터넷의 기능뿐 아니라 사용자군의 이용 상황, 특징을 이해하는 것이 좋다. 더불어 빅데이터 분석을 통해 그 분야에서의 더욱 효과적인 활용 방안과 앞으로의 발전 방향에 대한 지식과 안목을 갖출 때 비로소 해당 프로젝트 전반을 조망하고 적절한 설계를 할 수 있는 프로그래머가 될 것이다.

3장

지금은
신재생에너지 시대

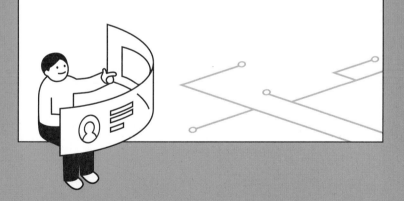

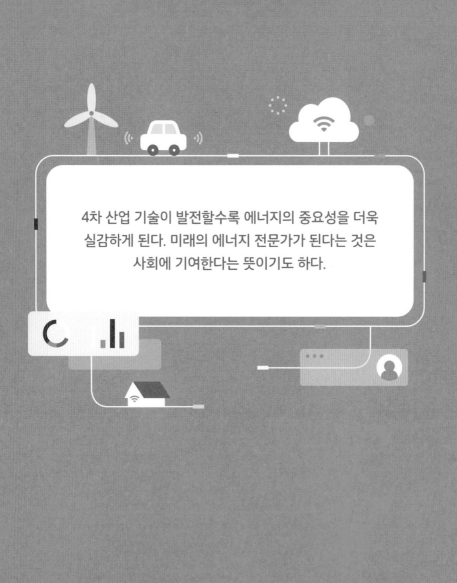

4차 산업 기술이 발전할수록 에너지의 중요성을 더욱
실감하게 된다. 미래의 에너지 전문가가 된다는 것은
사회에 기여한다는 뜻이기도 하다.

'에너지'가 성장에너지인 글로벌기업

신재생에너지와 환경

구글과 애플을 제외하고 미래산업을 이야기할 수 있을까? 구글과 애플은 대표적인 ICT 기업이라는 점은 물론 신재생에너지 분야에서 새로운 실험을 하는 기업이라는 공통점이 있다.

구글은 2017년부터 데이터센터를 운영할 때 드는 막대한 전력을 모두 태양광, 풍력, 수력 등 신재생에너지로만 사용해 오고 있다.

애플 역시 2018년부터 회

> **데이터센터**Datacenter
>
> 인터넷에서 교류되는 데이터를 저장, 유통하기 위해서 만들어진 건물 또는 공간을 의미한다. 컴퓨터시스템, 통신장비, 스토리지저장고 등으로 구성되어 있으며 24시간 운영된다. 발열 문제가 발생하지 않게 일정 온도를 유지하는 것을 포함해 다량의 전기를 소모하는 곳이기도 하다.

사에 필요한 전력을 100퍼센트 신재생에너지로 활용하는 데 동참했다. 세계의 경제를 좌우하는 두 기업의 걸음이 의미 있다. 탄소 배출량을 줄이고 환경을 보호하는 데 앞장서고 있다는 점 때문이다.

2014년 RE100^{Renewable Energy 100%}이라는 개념이 등장하면서 기업에서 쓰는 전력을 모두 재생에너지로 사용하자는 캠페인이 시작되었다. RE100에 참여하는 기업은 자기 회사의 전력을 재생에너지로 구매하거나 자체 생산해서 보고해야 하며 이를 제3의 단체가 검증해야 최종 인정을 받게 된다. 구글, 애플, 마이크로소프트, 아마존, 스타벅스와 같은 기업이 참여했고, 이외에도 약 150개에 달하는 글로벌기업이 환경을 보존하는 일에 참여하고 있다.

어마어마한 에너지를 쓰는 데이터센터

지난 2018년, 구글의 모회사 알파벳은 빌 게이츠를 포함해 사회적으로 영향력 있는 사람들의 투자를 받아서 신재생에너지 저장소 프로젝트를 가동했다. 이를 위해 세운 주식회사 몰타는 에너지를 더욱 오래 저장할 수 있는 연구를 해왔다. 몰타에서는 화석은 물론 풍력, 태양광, 연료전지 등에서 모은 에너지를 저장한 후 열펌프를 활용해 열에너지로 전환시켜 용해된 소금에 보관하는 방식으로 에너지 저장소를 운영하고 있다.

구글과 같은 ICT 기업이 신재생에너지에 관심을 갖는 이유는 무엇일까? 바로 데이터센터 때문이다. 구글은 전 세계 데이터의 저장고라 할 만큼 방대한 용량의 데이터센터를 지구촌 곳곳에 세우고 있다. 그러나 2010년 이후 폭발적으로 늘어난 데이터센터로 인해 에너지 부족을 우려하기에 이르렀다. 데이터센터 내부에 설치되는 컴퓨터, 서버, 저장장치 등을 운용하려면 엄청난 양의 전력이 필요하기 때문이다. 게다가 장치에 들어가는 반도체가 작아질수록 더 뜨거워지기 때문에, 이를 냉각시키기 위해 지속적으로 전력을 사용해야 하는 문제가 생긴다.

그러나 놀랍게도 2010년부터 2018년까지 데이터센터로 인해 늘어난 전력이 6퍼센트에 불과하다는 연구 결과가 발표되었다. 모두의 예상을 깬 이러한 결과는 대규모 데이터센터를 세운 사업자들이 다양한 에너지 효율화 방식을 도입한 덕분이다. 구글은 인공지능의 도움으로 냉각장치를 실시간으로 관리해 전력을 30퍼센트 이상 줄이고 있으며, 페이스북은 시간대별 이용량을 고려해 밤에는 일부 서버의 전원을 차단해 전력을 아끼는 데 성공했다. 데이터센터를 바닷속에 두어 외부 온도 자체를 낮추는 마이크로소프트의 시도도 흥미롭다.

효율적인 에너지 관리는 ICT 생태계가 원활하게 움직이게 하는 필수 요소로 인식되고 있으며, 글로벌기업들은 각자의 방식으로 에너지 효율화 기술에 적극적으로 투자하고 있다. 이러한 배경이 있다 보니 화석에너지의 고갈과 친환경에너지 개발의 과제를 해결하기 위한 RE100 같은 캠페인이 활발히 진행되고 있는 것이다.

애플 역시 신재생에너지 사업에 관심이 높다. 앞에서 소개한 것처럼 애플은 이미 미국 캘리포니아의 본사와 데이터센터에 사용하는 전력을 신재생에너지로 바꾸는 데 성공했다. 또한 중국에서도 신재생에너지를 사용하기 위해 투자하는 중이다. 차이나클린에너지 펀드를 조성해 중국에서 1기가와트 규모의 신재생에너지를 생산할 예정이며 이는 연간 100만 가구에서 쓸 수 있는 에너지원이 될 것으로 전망된다.

마이크로소프트 역시 본사 에너지원을 무탄소로 대체한다는 전략을 발표했다. 에너지를 많이 사용하는 데이터센터의 화석연료 비중을 낮추고 신재생에너지로 전환하겠다는 목표를 위해 인공지능을 포함해 다양한 신기술을 접목할 예정이다.

국제기구인 EU유럽연합도 지구온난화를 일으키는 온실가스 배출의 위험성을 경고하고 다양한 제도를 마련해 추진하고 있다. 그중 2030년까지 유럽연합 회원국에서 사용하는 전체 에너지의 32퍼센트를 신재생에너지로 대체한다는 목표가 있다. 이에 따라 구글은 EU의 데이터센터에 사용될 풍력과 태양열 에너지 전력을 구매해 제공했고, 아마존 역시 풍력발전소를 인수해 EU의 정책에 발맞추고 있다.

전기자동차, 에너지 혁신의 시작

전기차로 만드는 친환경 미래도시

지구온난화, 탄산가스 배출 증가 등 환경에 대한 우려가 높아지면서 신재생에너지를 쓰려는 다양한 시도가 이루어져 왔다. 풍력을 활용한 에너지 생산, 태양광 패널을 이용한 전기 발전 등이 그 예다. 최근 더 쉽게 만날 수 있는 친환경에너지 적용 사례로는 전기로 가는 자동차, 즉 전기차EV, Electric Vehicle를 떠올릴 수 있다. 2019년 말 기준 전 세계 전기차 대수는 누적으로 약 800만 대에 달했다. 중국이 약 400만 대, 미국이 약 150만 대다. 한국은 2020년 초에 이미 10만 대를 넘어섰다. 이제 서울 도심에서 달리는 전기차를 보는 일이 어렵지 않다.

세계적으로 전기차가 성장하는 이유는 크게 세 가지로 볼 수 있다. 첫째, 각국의 정부가 탄소 배출의 위험성을 인지하고 그 주범으로 꼽히는 자동차 매연을 줄이는 일에 적극적으로 나서고 있기 때문이다. 둘째, 전기차를 사면 정부에서 자동차 보조금을 주기 때문이다. 더 좋은 사양의 차를 저렴하게 구매할 수 있는 기회로 여기고 전기차를 사려는 사람이 많아졌다. 우리나라만 하더라도 연초에 전기자동차 보조금 신청이 폭주해 조기 마감되는 일이 빈번하게 일어난다. 셋째, 글로벌 자동차 회사들이 잇따라 내놓는 전략의 변화 때문이다. 폭스바겐은 세상을 시끄럽게 했던 디젤차의 연비 문제를 해결하고 기업의 방향을 전기차 생산으로 전환한다고 발표했다. 다임러 벤츠, BMW, 현대자동차 역시 전기차 생산 비중을 높여 가고 있으며, 전기차의 성능도 해마다 뚜렷하게 좋아지고 있다. 이는 구매자의 입장에서 전기차에 더욱 발전된 기술이 적용되었다고 인식하는 계기가 되었다.

낮아지는 배터리 가격

자동차 회사에서 주력 분야를 바꾼 일은 배터리 시장의 발전을 촉진시키는 계기가 되었다. 2000년 초부터 탄소 배출, 온실가스 같은 환경 문제가 화두로 떠오르면서 매일 도로를 달리는 자동차의 매연이 자연스레 주목받았다. 자동차의 매연이 문제가 된다는 것을 모두가 알지만 그 대안이 마땅히 없던 시점이었다. 이때 자동차 제조사에서 기회를 잡았다. 자동차 회사들은 이미 전기차

현대자동차에서 출시한 전기로 움직이는 자동차 모습이다.

를 만들기 위해 준비하고 있었기 때문이다. 이는 환경오염을 줄이려던 각국 정부의 목적과 일치했다.

덕분에 전기차를 사면 보조금을 받는 시대가 열린 지 5년이 지났다. 세계의 전기자동차 판매량은 2019년 한 해만 해도 200만 대 이상이다. 2025년에는 1,087만 대에 이를 것이라는 카운터포인트리서치의 발표도 있었다. 세계 최대 규모의 자동차 업체인 폭스바겐이 내연기관 자동차를 만들지 않겠다고 선언한 일도 의미가 있다. 앞에서 이야기했듯 폭스바겐이 앞으로 집중적으로 투자하겠다고 밝힌 영역이 전기차 제조 부문이다.

전기로 달리는 차를 만든다는 것은 전기로 충전할 수 있는 배터리가 차량에 설치되어 있어야 하고, 어디서나 충전할 수 있는 편리성도 갖추어야 한다는 뜻이다. 다행히 최근 전기차가 늘어남에 따라서 전기차 충전소도 많아졌다. 모바일 애플리케이션을 이용해서 주변의 충전소 위치를 찾는 일도 어렵지 않다.

BMW는 중국 시장을 목표로 잡고 중국 내 전기차만 생산하는 공장을 세울 예정이라고 한다. 다임러 벤츠는 전기차 배터리 생산에 1조 이상 투자하겠다는 계획을 밝혔다. 세계 자동차 시장이 본격적으로 변화하고 있음을 확인할 수 있다. 미래 자동차 산업에 대한 준비도 달라져야 한다는 것을 알 수 있는 지점이다.

우리나라의 기업들도 전기차 배터리 생산에 관심이 높다. LG화학은 GM과 자본을 모아 미국 전기차 배터리 시장을 공략하고

자 한다. 삼성SDI 역시 유럽 시장을 공략하기 위해서 BMW와 약 4조 원 규모의 계약을 했다. 미래에셋대우에 따르면, 전기차 배터리 시장은 2023년경에는 95조 8,000억 원 규모로 성장할 것이다. 특별히 배터리 시장에 주목하는 이유가 있다. 전기차 부품의 가격 중 배터리가 차지하는 비중이 전체 제작비의 40퍼센트에 달하기 때문이다.

지난 10년간 전기차 배터리의 성능은 놀랄 만큼 발전해 왔다. 2011년 당시 대표 전기차였던 닛산의 리프는 1회 충전으로 120킬로미터까지 달릴 수 있는 수준이었고, 이렇게 짧은 주행거리는 소비자의 선택을 주저하게 하는 요인이 되기도 했다. 그러나 최근 출시된 전기차들은 기본으로 400킬로미터는 달린다. 대표적인 전기차 회사인 테슬라의 모델S는 최대 주행거리가 500~600킬로미터다. 1회 충전할 때의 주행거리는 앞으로 더욱 늘어날 전망이다.

이미 설명한 것처럼 전기차 전체 제조비에서 배터리 비용이 차지하는 비중이 크다. 게다가 전기차가 보편화되면서 각국의 보조금이 줄어들고 있다. 이에 따라 자동차 제조사들은 배터리 비용을 줄이기 위해 필사적이다.

테슬라의 사례를 보자. 테슬라가 전기차를 만들기 시작한 초기에는 전기차 배터리를 파나소닉에서 독점적으로 공급받았다. 그러나 전기차 생산의 안전성이 어느 정도 보장된 최근에는 배터리를 직접 생산하는 방식으로 전략을 바꾸고, 가격이 저렴한 리튬인산철 배터리를 적용하려고 시도 중이다. 특히 리튬인산철 배터리를 중국 시장에 도입하려고 고려하는데, 원료인 리튬인산철이 100퍼센트 중국에서 생산되기 때문이다. 이 시도가 성공한다면 차량 제조 단가를 낮추는 데 크게 기여할 것으로 보인다. 리튬인산철 배터리는 가격이 저렴하다는 점 외에도 기존 배터리보다 3배 이상 수명이 길고, 1,000회 이상 재충전할 수 있으며, 내구력이 좋아 과방전·과충전 시에도 안전하다는 장점이 있다.

그러다 보니 테슬라는 장기적으로 배터리를 자체 공급하겠다는 전략을 바탕으로 파나소닉 독점 공급에서 벗어나 우리나라의 LG화학 등으로 공급원의 다양화를 꾀하고 있다. 더불어 배터리 시설의 확충과 배터리 셀 자체 생산을 목표로 하는 로드러너Roadrunner라는 프로젝트를 수립한 뒤 이전보다 저렴하고 효율적인 배터리를 개발하는 데 몰두하고 있다.

전기차 배터리는 일반적으로 셀, 모듈, 팩으로 구성된다. 한 대의 전기차가 움직이기 위해서는 수십에서 수백, 수천 개에 이르는 셀이 필요하다. 여러 개의 셀을 모듈이라는 형태로 담고, 모듈을 일정한 개수로 모아서 팩이라는 단위로 전기차에 설치한다. 작은 전기차의 경우 8개의 모듈을 하나의 팩에 담아 출시한다.

차를 움직이게 하려면 엄청난 양의 전력이 필요하다. 이 전력을 감당하기 위해서 배터리 셀의 부피는 최대한 작게, 성능은 최대한 뛰어나게 만들어야 한다. 배터리의 수명 역시 우수한 전기차를 좌우하는 지표가 되는데 수명 또한 배터리 셀에서 결정된다. 배터리 셀은 달리는 차량에 설치되므로 충격에 쉽게 파손되지 않도록 제작되어야 한다. 배터리 셀을 안전하게 활용하기 위해서 필요한 다음 단계가 바로 모듈화다. 자동차 운행 중에 일어나는 다양한 충격에서 배터리를 보호하도록 셀을 여러 개 묶어서 모듈 형태로 관리하며, 이 모듈을 또 모아서 팩으로 관리하는 방식이다. 전기차에는 이 팩이 탑재된다고 이해하면 된다.

전기차 배터리는 크기가 작을수록, 가벼울수록, 수명이 길수록 그리고 짧은 시간 안에 충전이 안전하게 이루어질수록 우수하다고 평가받는다.

리튬배터리 기술은 현재진행형

일반적으로 배터리는 두 종류로 나눌 수 있다. 우리가 흔히 소형 전자기기에 사용하는 건전지 같은 일회성 배터리를 일차전지라고 하며, 충전을 통해서 재사용할 수 있는 배터리를 이차전지라고 한다. 리튬은 최근 각광받는 이차전지다. 리튬은 스마트폰에 쓰이기도 하고, 소형 IT 기기에 적용되기도 하며, 전기자동차에도 사용되는 등 쓰임새와 수요가 많다. 리튬이차전지는 양극활물질, 음극활물질, 분리막, 전해질이라는 4개의 요소로 구성되어 있다.

· 리튬이차전지 구성

① 양극활물질: 충전할 때는 리튬이온을 내보내고, 방전되면 리튬이온을 흡수하는 역할

② 음극활물질: 충전할 때 리튬이온을 흡수하고, 방전되면 리튬이온을 내보내는 역할

③ 분리막: 전지 안에서 양극활물질과 음극활물질을 분리시키는 동시에, 리튬이온을 통과시키는 역할

④ 전해질: 양극활물질과 음극활물질로부터 추출된 리튬이온이 흘러갈 수 있도록 길을 마련해 주는 역할

여기서 전지의 크기를 결정하는 것이 양극활물질이다. 양극활물질이 리튬이온을 많이 가질수록 전지의 용량이 커진다. 전지 생산에서 가장 원재료비 비중이 큰 것이 리튬이온이기도 하다.

최근에는 전기차 생산이 증가하면서 리튬에 대한 경쟁이 심화되고 있으며, 현재는 우리나라와 중국 기업이 세계 시장을 이끌고 있다. 그러나 차세대 전지 개발이 시작되면서 시장에서의 성공과 실패를 가늠할 수 없게 되었다.

차세대 리튬전지는 기존 리튬전지의 문제점을 보완한다. 차세대 전지에는 기존 전지에서 양극활물질과 음극활물질 사이에 있던 분리막이 없다. 또한 전해질이 고체여서 기존의 액체 전해질이 가지고 있던 온도에 따른 증발 문제를 줄이고, 외부 충격으로

인한 폭발 위험도를 낮추게
되었다.

그러나 여전히 남아 있는
문제점도 있다. 차세대 리튬
전지에 사용할 예정인 고체
형 전해질은 리튬이온을 전
달하는 속도가 액체형 전해
질보다 느리다. 기존에 사용

이온전도율

원래 순수한 물에서는 전기가 흐르지 않
는다. 그러나 염화수소, 수산화나트륨,
황산 같은 물질이 녹아 있는 물에서는
전류가 흐르게 된다. 물에 녹은 물질이
양이온과 음이온으로 나누어지는 현상
을 이온화라고 하며, 이온에 의해서 전
류가 흐르는 현상을 이온전도, 이온의
움직임 정도를 이온전도율이라고 한다.

되던 액체 전해질의 이온전도율이 고체 전해질의 이온전도율보
다 최대 1,000배나 높기 때문에 생기는 문제다. 더불어 차세대
리튬전지의 수명이 기존 리튬전지에 비해 짧아서 앞으로도 꾸준
한 연구개발과 투자가 이루어질 전망이다. 기회가 열려 있는 미
래산업 분야라고 할 수 있다.

전기차 모델을 기획하고 생산하는 과정에서 배터리와 관련된
지식은 매우 중요하다. 자율주행차 시대가 오면 운전하지 않고
이동하는 동안 다양한 엔터테인먼트를 이용할 수 있게 된다. 이
때 모든 시스템이 자동차 배터리의 전력으로 작동될 것이므로
배터리의 중요성이 커진다. 자율주행차 시대의 차량은 '제2의 집'
이라고도 불릴 정도로 활용성에 대한 기대가 높다. 전문가들은
자율주행차의 근본 에너지원이 되는 배터리 산업에 대한 이해과
학습이 직업 선택에 유용한 도구가 될 것이라고 예측하고 있다.

이 분야에 관심이 높은 청소년이라면 진학할 때 화학공학, 기계공학, 전기공학, 자동차공학, 제어공학 등 분야를 선택해 다양한 프로젝트를 경험하는 것이 중요하다. 지식과 경험이 쌓이면 전기자동차 제조업체뿐 아니라 각종 연구소에서 관련 프로젝트를 수행하는 다양한 기회를 얻으며 영역을 넓혀 갈 수 있을 것이다.

수소가 만드는 똑똑한 배터리

수소연료전지가 뜬다

탄소 배출이 지구의 환경을 얼마나 악화시키는지에 관해 세계적으로 공감대가 이루어져 있다. 따라서 그동안 초국가적 협약과 협력을 통해 신재생에너지를 활용하려는 다양한 시도가 있었다. 바람의 힘으로 에너지를 만들거나 태양광 패널을 이용해 낮 시간의 태양열을 모아서 에너지로 바꾸는 방식 등이 그 예다. 그러나 풍력과 태양광으로 에너지를 얻는 기술은 공간을 많이 차지하고 효율도 떨어져 도심 지역에 퍼지기에는 어려웠다.

이러한 고민 속에서 스마트시티에 활용할 수 있는 대체에너지로 주목받고 있는 에너지원이 바로 수소연료전지다. 수소는 1766년 영국에서 아연과 염산의 반응 작용을 통해서 수소를 얻어 내

풍력발전기는 바람이 많이 부는 언덕이나 바닷가에 설치한다.

면서 알려졌다. 수소라는 이름은 프랑스의 화학자였던 라부아지에가 1792년 지었으며, 수소를 이용한 풍선이 만들어지기도 했고, 1839년에는 수소와 산소를 합쳐서 전기를 만들어 내는 데 성공했다. 지금의 수소연료전지의 시작이다. 1958년 설립된 미국 항공우주국 나사NASA에서도 수소연료에 대한 연구가 지속되어 1966년 제미니호와 1969년 아폴로 11호에 수소연료전지를 싣기도 했다. 연료전지의 역사는 생각보다 오래되었다고 할 수 있다.

수소라 하면 수소폭탄을 떠올리며 폭발을 걱정하기도 한다. 그러나 수소폭탄의 원리와 수소연료전지의 원리는 다르다. 수소폭탄은 1억 도 이상의 엄청난 고온에서 핵융합이 일어나게 해 얻는 에너지를 이용한 말 그대로의 '폭탄'이다. 가끔 뉴스에 등장하는, 수소연료에 화재가 발생하는 방식과는 원리부터 다르다. 강릉에 있는 강원테크노파크에서 일어난 수소 폭발 사고가 언론의 주목을 받은 적이 있다. 수소연료에 화재가 발생한 사건인데, 수소저장탱크에 산소가 유입되어 일어난 폭발이다. 당시 조사 결과에 따르면 탱크 내부에 폭발 범위 이상의 산소가 들어갔다고 한다. 국립과학수사연구원은 시설을 설계하는 과정에서 안전장치를 고려하지 않았거나, 시험 가동할 때 적절한 점검을 하지 않았을 거라는 점을 원인으로 제시했다.

그렇다면 수소연료전지 발전소가 집 근처에 생긴다면 산화에 의한 화재가 일어나지 않을까? 그러나 수소는 가장 가벼운 기체로, 누출된다 하더라도 공기 중에서 빠르게 확산되어 희석되므로 뭉쳐서 발화를 일으키는 단계까지 가지 못해 폭발이 일어날 수 없다는 것이 전문가들의 견해다. 한국산업안전보건공단의 자료에 따르면 수소는 가솔린, 프로판, 메탄보다도 안전한 물질이다. 또한 수소연료전지 발전소에는 수소저장탱크가 없으며, 연료전지에서는 수소가 이온 상태로 분해되기 때문에 산소와 접촉하더라도 폭발로 이어질 가능성이 매우 낮다. 수소연료전지를 안전한 차세대에너지로 손꼽는 이유다.

연료전지 파헤치기

최근 신재생에너지에 대한 관심이 높아지면서, 수소연료전지가 본격적으로 활용되고 있다. 수소는 리튬, 가솔린보다 중량 대비 에너지 밀도가 높아서 기존 발전 방식보다 에너지 변화가 적다. 따라서 연료전지로 사용했을 때 발전 효율이 높은 반면에 새어 나가는 에너지는 적기 때문에 주목을 받는다.

일반적으로 전지는 물리전지와 화학전지로 구분할 수 있다. 태양전지, 원자력전지 등을 물리전지라고 하고, 화학적 작용을 통해서 전기에너지를 만드는 것을 화학전지라고 한다. 화학전지의 일종인 연료전지는 발전기 장치 없이 수소와 산소 반응을 통해서 전기를 생산한다. 이때 사용되는 전해질에 따라서 수소연료전지, 메탄올연료전지 등으로 구분해 부른다.

수소연료전지는 수소와 산소의 화학적 반응으로 전기와 열을 만들어 내는 효율적인 차세대 발전소다. 화력발전소와 비교했을 때 탄소 배출량이 50퍼센트나 줄어든다. 게다가 온실가스 같은 대기오염물질도 배출하지 않아 도심 지역에 적합한 친환경 발전소로 주목받고 있다. 기존 화력발전 시스템은 전력을 보낼 때 손실이 5퍼센트 수준으로 발생하고, 발전 중에 만들어진 열에너지를 다시 회수해서 재활용하는 과정에서 생기는 손실도 65~75퍼센트나 되었다. 이렇게 에너지 손실이 많았던 화력발전에 비해서 연료전지는 가스파이프라인 또는 수송 트럭튜브 트레일러을 통한 송전과 배송으로 손해를 최소화했다. 또한 기존의 태양광 대비 차지하는 면적이 30분의 1에 불과한데다 동일 용량을 설치했을 때 발전량은 7배 이상 높다. 공간이 충분하지 못한 탓에 태양광 발전소 설치가 어려웠던 건물이나 공장에 적용하기 좋다.

또한 태양광이나 풍력이 일조량이나 바람의 세기 등 날씨나 시간의 영향을 많이 받았던 것과 달리, 연료전지는 유지보수만 적절하게 이루어진다면 365일 에너지를 생산할 수 있다. 따라서 각국 정부는 연료전지를 안정된 도심형 발전소로 여기고 다양하게 지원한다. 신재생에너지 공급의무화제도RPS, Renewable Portpolio Standard가 대표적이다. 500메가와트 이상의 발전 설비를 갖추고 있는 대규모 발전 사업자가 의무적으로 일정 비율 이상을 신재생에너지로 대체하도록 강제하는 제도다. 이를 통해서 발전 사업자들은 연료전지와 같은 신재생에너지 설비를 세우고 운영하고 있으며, 관련 전문 인력이 꾸준히 필요한 상황이다.

연료전지가 만들어지는 과정을 간단히 살펴보자. ①개질기라고 불리는 연료처리장치에서 도시가스, 바이오가스 등을 수소로 바꾼다. ②스택이라는 장치를 통해서 공기 중의 산소와 수소가 만나 전기, 열 등이 발생한다. ③인버터라는 전력변환기를 통해서 스택에서 만들어진 직류전기를 교류전기로 바꾼다. 이 모든 단계를 거치면 전기를 최종 사용자가 사용할 수 있도록 제공하게 된다.

이렇게 생산되는 수소연료전지는 도심의 에너지원이 되는 대규모 연료전지, 건물용 연료전지, 가정에서 쓰는 소전력을 생산

구분	발전용(발전소, 기업용 발전 설비)			가정용, 휴대용	휴대용
명칭	PAFC	MCFC	SOFC	PEMFC	DMFC
전해질	인산염	탄산염	세라믹	이온교환막	이온교환막
촉매	백금	칼슘 타이타늄 산화강물	니켈	백금	백금
온도	220도 이하	650도 이하	1,200도 이하	80도 이하	80도 이하
발전 효율	열효율 75~90%	45~60%	50~60%	40%	40%
응용 분야	발전용	발전용	발전용 (건물/가정)	건물용 (1~10KW)	50W 이하

수소연료전지 기술 방식

하는 가정용 연료전지, 수소전지차에 사용되는 차량용 연료전지 등으로 다양하게 사용된다.

물론 수소연료전지도 아직 갈 길이 멀다. 친환경에너지라고는 하지만, 여전히 90퍼센트 이상 화석연료에 의존하며 특히 대부분이 천연가스, 석유, 석탄을 원료로 수소연료가 만들어지고 있기 때문이다. 따라서 진정한 의미의 친환경에너지로 자리 잡기까지는 연구개발이 더 필요하다. 이 점에서 에너지공학자들이 관심 있게 접근해야 한다. 기술적 혁신을 통한 개선이 필요한 시점이며 많은 투자와 연구가 뒷받침되어야 하는 분야다.

새로운 이동수단 수소차

연료전지 시장이 꾸준히 성장할 것으로 보고 미국, 일본 등 해외에서도 적극적으로 투자하고 있다. 미국의 캘리포니아주에서는 기존에 운영하던 자가발전 인센티브 제도에 오염물질 배출량 기준, 온실가스 배출량 기준 등을 포함했다. 연료전지를 사용할 때도 인센티브를 받을 수 있게 범위를 확대한 것이다. 또한 연료전지를 제공하는 회사에 세금을 감면해 준다. 일본은 후쿠시마 대지진 이후 전력난을 경험하고 이에 대한 대비 차원에서 가정용 연료전지를 집중적으로 발전시키고 있다. 특히 에너팜Ene-Farm이라는 가정용 연료전지 시스템을 활용해 전력을 생산하고, 남는 전력은 다시 전력회사에 파는 선순환 구조를 세웠다. 중국은 연료전지를 이용해 만든 차량에 관심이 높다. 웨이차이 파워라는 디젤엔진 기업은 디젤차에 고질적으로 환경오염 문제가 있다는 점에 집중했다. 이 기업은 수소연료전지 업체와 인수합병한 후 수소차에 공급하는 연료전지 사업을 이끄는 기업으로 새롭게 자리 잡고 있다. 웨이차이 파워에서 생산한 수소연료전지는 수소차, 수소 트럭, 수소 버스 등에 공급될 예정으로 빠르게 성장 중이다.

수소차는 말 그대로 수소연료전지로 움직이는 차세대 이동수단이다. 수송용 연료전지에는 PEMFC 기술이 주로 적용된다. 수소차는 연료가 되는 수소 저장 장치가 있다는 점에서 기존 내연기관 자동차와 다르다. 이 수소 저장 장치는 700바^{bar}의 압력을 견딜 수 있고, 충전이나 방전 시에도 큰 격차의 온도^{영하 40도에서 영상} ^{80도}를 지탱할 수 있도록 설계되어 안전하다. 추운 날씨에도 수소의 온도를 일정하게 맞추는 것이 핵심 기술이라고 할 수 있다.

수소차가 널리 쓰이려면 원하는 시간에 원하는 만큼의 연료를 공급받을 수 있도록 인프라를 확충해야 한다. 대표적으로 수소차 충전소가 필요하다. 수소차 충전소는 트레일러를 통해 수소를 공급하는 방식과 연료저장탱크에서 충전소까지 가스파이프라인을 통해 도시가스처럼 제공하는 방식이 주로 적용되고 있다. 아직은 국내에 수십 개 수준에 불과하지만 정부의 적극적인 지원으로 2022년에는 전국에 310여 개의 수소차 충전소가 세워져 수요와 공급의 균형을 맞출 것으로 예상된다.

수소차 충전소에서 충전하는 데 걸리는 시간은 5분 정도로 매우 짧으며 한 번 충전하면 600킬로미터 이상 이동할 수 있다. 따라서 수소차 충전소는 미래 자동차인 수소차 성장을 위한 핵심 인프라다. 기존의 고정형 수소차 충전소뿐 아니라 이동형 충전소, 셀프 충전 등 다양한 충전 방식이 개발되어 실용화되기 위해 준비 중이다.

수소차에서 가장 앞선 경쟁력을 보유한 기업은 우리나라의 현대자동차다. 지속적인 기술개발로 이동 거리를 늘리고, 충전 시간을 5분에서 3분으로 단축하는 등 서비스를 향상시키기 위해 노력 중이다. 혼다의 경우 한 번 충전으로 700킬로미터 이상을 주행하는 기술을 보유했으며, 다임러 벤츠는 연료전지 시스템을 가장 작게 만드는 데 성공했다.

전기차에 이어서 수소차로의 진화는 환경을 보호한다는 측면에서 주목받고 있지만, 아직은 부족하다. 이미 설명했듯이 수소차에 사용되는 연료전지가 화석연료에 의존한다는 점이 대표적인 문제다. 수소차 연료를 공급하기 위한 초기 투자 비용이 높은데다 거주 지역 근처에 수소차 충전소를 세우는 일에 대한 정서적인 거부감이 있는 것도 사실이다. 이를 해소하고 도심에서 수소차를 운행할 수 있는 환경을 만드는 것이 중요 과제라고 할 수 있다. 수소차 분야는 앞으로 성장할 것이다. 미래 직업의 새로운 가능성을 기대하게 하는 분야다.

스마트시티는 에너지가 필요해

신재생에너지로 스마트시티를 세우다

스마트시티를 떠올리면 빽빽하게 들어선 빌딩과 잘 구획된 도로, 줄지어 세워진 가로등의 모습을 그릴 수 있다. 스마트시티에서는 도로의 차가 원하는 목적지로 막힘없이 달릴 수 있고, 보행자가 다가오기 전에 자동으로 켜지는 스마트전등 덕분에 외진 길거리도 안전하다. 게다가 이 모든 것이 중앙의 관제시스템에서 실시간으로 관리되기에 위급한 상황이 발생하면 즉시 대응하리라 기대하게 된다.

그렇다면 스마트시티의 빌딩은 어떤 모습일까? 바로 제로에너지 빌딩이다. 건물에서 사용하는 에너지와 생산하는 에너지의 합이 0이 되는 자가 생산-소비 건물을 제로에너지 빌딩이라고 말한다. 일반적으로 건물의 건축 단계에서부터 단열을 고려해 건물의 냉난방에 쓰이는 에너지를 줄이는 패시브passive라는 개념과 건물에 설치한 태양광, 건물용 연료전지 등을 활용해 본격적으로 에너지를 생산해 내는 액티브active라는 개념이 결합될 때 에너지 소비와 생산이 균형점을 찾는다.

스마트시티에서는 교육의 형태도 달라진다. 스마트교육 역시 새롭게 관심을 받는 분야다. 4차 산업혁명 기술을 바탕으로 VR, AR^{Augmented Reality, 증강현실}, MR^{Mixed Reality, 혼합현실} 등 다양한 교육 방식이 도입되고 있기 때문이다. VR이 있으면 전 세계 어디에서 진행되는 수술이라도 직접 참관하듯 수련에 활용할 수 있다. AR 헬스 기기를 활용하면 진료하는 동시에 안경이나 모니터를 통해 환자의 정보를 바로 확인할 수 있다. 첨단 IT 기술을 통해서 종합적인 데이터를 빠르게 적용해 환자에게 가장 적합한 진단을 내릴 수 있다. 더불어 다양한 실험, 실습을 진행하면서도 필요한 정보를 즉시 얻을 수 있다는 점에서 성장이 기대되는 분야다.

또한 다른 분야에도 활용할 수 있다. VR 덕분에 물리적 제약 때문에 체험하지 못했던 일도 경험할 수 있게 되었다. VR 기기만 착용한다면 강원도 홍천에서도 영국 런던에 있는 미술관의 그림을 눈앞에서 보는 것처럼 생생하게 체험할 수 있다. 우리가 태어나기 전의 역사를 공부할 때도 VR을 활용하면 마치 그 시대를 사는 사람이 된 것처럼 체험하며 배울 수 있다. 따라서 교육 분야에서는 점차 다양하게 활용될 것으로 보인다.

나아가 최근에는 헤드셋 같은 기기를 착용하지 않고도 가상현실을 체험할 수 있는 MR이 각광받고 있다. MR을 이용하면 아주 흥미로운 활동을 할 수 있다. 예를 들면 사막 지역에 살아서 고래 같은 바다 생물을 한 번도 직접 본적 없는 학생들을 대강당에 모이게 한다. 그런 다음 MR로 제작된 고래 영상이나 바다를 유유히 헤엄치는 상어 영상 등을 보여줄 수 있다. 이러한 첨단 도구를 원활하게 사용하려면 초고속통신은 물론이고, 대용량의 대역폭 데이터가 전송되도록 하는 배터리나 전원이 필수적이다.

> **대역폭**
>
> 두 가지 의미가 있다. 먼저 주파수의 범위를 의미할 때는 Hz로 표기된다. 통신에서는 단위 시간당 전송할 수 있는 데이터의 크기나 양을 의미하며 bps로 표기된다. 본문에서는 후자인 전송량을 뜻한다.

4차 산업 기술이 발전할수록 에너지의 중요성을 더욱 실감하게 된다. 서비스에 맞는 에너지 저장과 활용 방식에 관심을 가질 수밖에 없다.

스마트시티가 부상하면서 건물에서 건물로 이동하게 도와주는 도심의 도로와 이동체자동차, 버스, 이륜차, 1인용 모빌리티 등도 본격적으로 변화하고 있다. 스마트전등과 CCTV가 도심의 교통 혼잡도, 사고 위험도를 중앙 관제실에 실시간으로 전송해 교통 흐름을 효과적으로 관리해 준다.

엔진이 없는 전기차부터 수소전지차, 자율주행차에 이르기까지 스마트시티를 구성하는 중요한 이동수단에도 역시 에너지를 저장하는 배터리가 필요하다. 도심 어디에서나 충전할 수 있도록 인프라를 마련하는 것이 중요하다. 기존의 주유소는 전기차와 수소차 융복합 충전소로 점차 바뀔 전망이다.

연료전지가 만드는 에너지 혈관

스마트시티에서는 최첨단 기술을 바탕으로 도시를 관리한다. 교통사고, 자연재해 같은 위험 요소를 파악해 대처하며 주차 문제 해결, 교통난 해소, 깨끗한 거리 유지 등 도시 생활이 안전하고 원활하게 이루어지도록 지원하는 것이 목표다.

우리나라에서도 스마트시티를 세우기 위해서 민간과 정부가 활발하게 협력하고 있다. 기본적으로 에너지 인프라를 활용해 교통, 환경, 교육, 모빌리티 분야에 대한 준비와 실험이 이루어지고 있다. 스마트시티에서는 교통, 물류, 통신, 미디어, 금융, 교육 등 다양한 산업이 하나가 되어 기능한다. 정부는 정보 통신 기술을 활용해서 기존의 정부 업무를 효율적으로 수행할 수 있는 전자정부로 빠르게 변화 중이다. 더불어 공항관제업무부터 재난관리, 도심 교통 통합 운영관리에 이르기까지 핵심적인 인프라를 구축하고 운영하는 데 집중하고 있다. 인공지능, 빅데이터, 클라우드와 결합된 플랫폼을 통해서 에너지, 교통, 환경, 안전 등 도심 생활의 기본 인프라가 작동된다. 도시 곳곳을 연결하는 인프라를 실시간으로 모니터링하고 이를 통해 도시를 체계적으로 관리하는 것이 스마트시티의 완결적 모습이라고 할 수 있다.

이러한 스마트시티의 동맥과 같은 역할을 하는 것이 바로 에너지 분야다. 특히 도심이라는 특성을 고려하면 더욱 그렇다. 앞에서 충분히 설명했듯 면적 대비 효율을 고려할 때 연료전지에 대한 기대가 크다. 잘 아는 것처럼 스마트시티는 4차 산업혁명 기술의 핵심으로 여겨지고 있으며, 도시를 안정적으로 유지하기 위해서는 그만큼 전력이 원활하게 공급되어야 한다. 더불어 도시가 건강하게 순환할 수 있도록 탄소를 줄이는 일이 매우 중요하다. 이에 따라 에너지 절약과 에너지 생산의 선순환 구조를 세우는 것이 필요하다.

스마트시티를 움직이는 사람

우리가 살아가야 할 미래에는 보이지 않는 '에너지 전쟁'이 기다리고 있다. 어떤 기업을 운영하든, 어떤 나라를 운영하든 4차 산업혁명 시대의 기술 발전에 따라서 폭발적으로 증가하는 에너지 수요를 해결해야 한다. 또한 자연재해를 포함한 다양한 원인으로 에너지 수급이 어려워질 때 즉각적으로 대응할 수 있어야 한다. 스마트시티가 얼마나 안정적으로 관리되는지에 따라서 도시의 안전도가 달라질 것이기 때문이다.

주차장에 태양광 패널을 설치해 전기를 만들고 있다.

조력, 풍력, 바이오매스, 태양광 등을 이용한 신재생에너지, 수소연료전지를 포함해 다양한 친환경 에너지원이 등장할 것이다. 앞으로의 에너지 전문가는 화학, 기계공학 같은 전문 공학뿐 아니라 자연 파괴, 온실가스 문제 등 환경 문제에 대해서도 폭넓게 이해하고 접근해야 한다는 뜻이기도 하다. 이러한 맥락에서 최근 새롭게 부상하고 있는 분야가 있다. 바이오에너지와 수소에너지 분야, 더불어 다양하게 소비되고 남게 되는 폐자원을 재생하는 에너지 연구 분야다. 이 3개 분야 모두 기존 에너지원이 일으키는 환경오염의 심각성을 인지해야 한다. 유해 물질 발생을 줄이는 것과 더불어 불가피하게 사용할 수밖에 없는 화석연료를 효율적으로 사용하고 재활용하는 일에 관심이 있어야 한다.

　앞에서 말한 것처럼 에너지 분야는 스마트시티를 움직이고 유지시키는 역할을 한다. 네온사인과 화려한 불빛으로 가득 차고, 아파트마다 불이 환하게 들어오던 일상의 밤이 암흑으로 변하는 도심을 상상할 수 있을까? IT 기술의 발달로 전원과 전력 없이는 일상생활이 불가능해진 요즘이다. 미래산업인 에너지 분야에 대한 관심과 지원이 필요한 시점이다. 에너지 기술력 선점이 국가 경쟁력으로 이어질 수 있다는 점을 생각해야 한다.

　미래의 에너지 전문가가 된다는 것은 사회에 기여한다는 뜻이기도 하다. 각종 친환경 에너지원을 이해하고 개발해서 실생활에 적용되는 기술을 개발하는 에너지공학, 신재생에너지를 효율적으로 운영·관리하는 영역, 건물이나 도시를 설계할 때부터 참여해 효율적이고 안정적인 에너지원을 제공하도록 기획하는 건축, 도시 에너지 기획자 등 다양한 역할이 있다. 스마트시티의 에너지 전문가는 사람들의 일상생활이 순조롭게 유지되도록 지원하는 사람이다. 미래에 발전할 가능성이 높은 직업이라고 할 수 있다.

산업혁명 이후 도시의 위생이 놀랍도록 빠르게 개선되었다고 한다. 바로 하수처리 시설 덕분이다. 산업혁명 전까지는 오염된 물때문에 병에 걸리거나 사망하는 사람이 많았다. 다행히 하수처리 시설이 도입된 뒤로 그 수가 현저히 줄었고, 기대수명이 늘어났다. 도시를 어떻게 설계하느냐에 따라서 사람들의 생활, 심지어는 수명까지 달라질 수 있다는 것을 보여 주는 좋은 예라고 할수 있다.

그러나 아이러니하게도 산업혁명 이후 시작된 무분별한 개발때문에 전 세계의 도시가 몸살을 앓고 있는 것도 사실이다. 예를들면 홍콩의 경우, 땅값이 너무 많이 올라서 작은 아파트에 수십명이 지내는 식으로 살며 삶의 질이 악화되는 문제가 생겼다.

도심과 농어촌 지역의 개발 불균형 때문에 의료, 문화 등 기본 혜택의 격차가 벌어져 생기는 사회 문제도 끊이지 않는다. 이로 인한 사회적 비용이 증가하자 국가 차원에서 문제를 해소하기 위해 도시를 재건하려는 움직임이 활발하게 진행되고 있다.

4차 산업혁명 시대에 들어오면서 스마트시티라는 새로운 개념이 등장했다. 스마트시티의 등장은 뉴욕이나 서울과 같은 대도시뿐 아니라 작은 산골 마을에도 정보가 공평하게 전달되는 기술 균등 시대가 왔음을 의미하기도 한다. 그러나 기술의 혜택이 전국 곳곳에 닿기까지 넘어야 할 산이 있다. 바로 여기서 도시 재생 전문가의 역할이 중요해진다.

도시 재생 전문가는 지난 200여 년간 3차례의 산업혁명을 통해서 생겨난 도시의 역기능을 긍정적으로 돌려놓는 역할을 한다. 그뿐만 아니라 환경오염과 각종 인프라 접근성, 정보의 격차 때문에 생기는 다양한 문제를 해소하는 데 크게 기여할 수 있다. 구체적으로 모든 지역이 균형 있게 발전하고, 사람들의 삶의 질을 높이는 데 도움을 준다.

도시 재생 전문가는 컴퓨터공학, 건축공학, 도시공학, 전자전기공학 등 공학적 지식을 바탕으로 문화인류학, 심리학, 교육학, 의학 등 도시를 구성하는 다른 요소에 대한 전문 지식을 모두 잘 알아야 한다. 장면마다 등장하는 인물이 다르더라도, 어떤 장면을 어떻게 배치할 것인가에 대한 큰 그림을 가지고 영화를 찍는 감독과 비슷하다.

도시 재생 전문가는 몇 가지 어려움이자 도전에 직면하게 된다. 첫째는 새로운 지역에 새로운 도시를 세우는 일은 일반적으로 불가능하므로 기존 도시의 기능을 유지하면서 점차적으로 변화시켜야 한다는 점이다. 도시를 종합적으로 관리할 수 있는 인프라 구축, 건물들의 물리적 배치, 용도의 재설정 등을 끊임없이 고민해야 한다. 둘째는 도시가 꾸준히 성장하도록 해야 한다는 점이다. 이를 위해서 안전, 환경에 신경 쓰는 것은 물론 교육, 의료, 재난방지, 문화생활 등 다양한 기능이 유기적으로 연결되는 시스템을 구축해야 한다. 미래의 변화를 염두에 두고 설계해야 한다. 그래야만 도시가 늙거나 피폐화되지 않고 기술의 발전, 인구 구성의 변화, 산업 환경의 변화 속에서도 성장하고 적응해 갈 수 있다.

도시 재생 전문가는 사람들의 삶의 질을 높이고 안전을 보장하는 직업이다. 그만큼 고도의 공학적 지식과 인문학적 사고가 필요하다. 책임감과 보람을 함께 느낄 수 있는 멋진 직업이라고 할 수 있다.

진로 찾기 **에너지 설계 전문가**

전력은 일상생활에서 공기만큼이나 당연하게 느껴져서 그 편리성을 잊기 쉽다. 스마트폰이 현대인의 삶에 빠질 수 없는 주요한 기기가 되면서, 스마트폰에 사용되는 전력이 생활의 필수 요소가 된 지도 오래다. 전력은 우리가 하루에도 몇 번씩 검색하고 스마트폰을 사용하며 데이터를 전달할 때도 필요하지만, 구글과 아마존 같은 기업이 이 데이터를 모아서 관리하는 일에도 필요하다. 특히 데이터센터를 운영하는 데 사용하는 전력은 날이 갈수록 큰 폭으로 늘어나고 있다.

4차 산업혁명의 성공과 실패는 누가 더 에너지 제공을 안정적으로 하는가에 있다는 말이 나올 정도다. 다시 말해서 도시, 건물, 가정에서 에너지를 어떻게 생산하고 사용하고 판매하는가에 따라서 한 국가의 산업 경쟁력이 달라지는 시대가 되었다는 뜻이다.

예전에는 건물을 지을 때 전력을 하나의 부속으로 생각했다. 그러나 제로에너지 빌딩이 등장하면서, 건물 설계 초기부터 전력을 핵심 주제로 다루게 되었다. 게다가 천재지변이 일어나도 안정적으로 전력을 공급할 수 있도록 자체 발전 전력 시스템을 갖추려는 욕구가 늘고 있다. 건물에서 신재생에너지를 활용해 전력을 만들 수 있다면 탄소 배출을 줄이고 환경을 보호할 수 있다. 그뿐만 아니라 건물에 필요한 전력에너지를 자급자족할 수 있고, 남는 전력은 되팔아서 새로운 수익원을 얻을 수도 있다. 전력산업을 보는 관점이 변화되었다는 뜻이기도 하다.

여기서 중요하게 평가되는 직업이 바로 에너지 설계 전문가다. 에너지는 스마트시티를 만들고 유지하는 데 인간의 동맥만큼 중요하다. 건축물에 사람이 거주하거나 일할 수 있도록 숨을 불어 넣는 핵심적인 역할이다. 따라서 에너지 설계 전문가는 건물, 집, 학교, 병원, 관공서, 도로 등의 시설물에 필요한 전력의 쓰임새와 용도, 통제 가능성을 고려해 설계해야 한다. '에너지를 어떻게 생산할 것인가', '에너지를 어떻게 소비할 것인가', '차세대 에너지는 어떤 형태여야 하며, 어떤 기술이 바탕이 되어야 하는가'에 대해 꾸준하게 고민하고 적용하는 직업이라고 할 수 있다.

이 직업에 관심 있는 청소년에게는 전기전자공학, 컴퓨터공학, 건축공학 등 에너지나 건축과 융합된 지식을 배우는 학과로 진학하는 것을 추천한다. 4차 산업혁명 시대에는 단순히 전등을 켜고 끄는 전력이 전부가 아니다. 인터넷과 스마트폰을 연결하고, 인공지능 스피커와 각종 전자제품을 하나로 관리하는 시스템을 포함하는 고차원의 에너지산업에 대한 전문 지식이 필요하다.

최근에는 이동수단을 무선으로 충전하는 사업이 활발히 연구 개발되고 있다. 에너지 설계 전문가가 다양한 이동수단에 맞는 배터리를 개발해 한 번 충전했을 때 좀더 오래, 안정적으로 운행되도록 하는 일에 기여할 수 있다. 나아가서는 인공지능 로봇을 충전해서 24시간 동안 운용하는 방법, 또는 자가에너지 발전 등 다양한 미래 에너지산업을 이끌게 될 것이다.

4장

제3의 공간
자율주행차

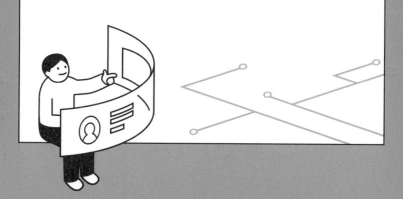

어떤 차를 자율주행차라고 정의할 수 있을까?
자율주행기술은 자동차에만 적용되는 것일까?
자율주행차가 사고를 낸다면 누가 책임져야 할까?

제3의 공간 탄생

핸들 대신 고정밀 지도로 움직이는 미래 차

핸들이 없는 자동차를 탈 수 있을까? 우리에게는 달리는 차의 핸들을 꼭 쥐고 주행 방향을 주시하는 운전자의 모습이 친숙하다. 이때 핸들이 자동차의 방향을 결정하는 것같이 보이지만, 사실은 바퀴의 방향을 바꾸는 조향장치steering system가 그 기능을 담당한다. 조향장치는 조향 휠조향 핸들, 조향 기어steering gear, 피트먼 암pitman arm, 드래그 링크drag link, 타이 로드tie rod 등으로 구성된다. 핸들에서 바퀴에 이르기까지 연결되어 차의 방향을 변경하는 일을 한다. 그중 우리에게 익숙한 핸들은 스티어링 휠steering wheel이라고도 하며 조향, 즉 방향을 조절하는 기구인 운전대를 부르는 이름이다.

자동차에서 가장 '자동차다운 부분'으로 기어에 운전 방향을 전달하는 조향장치를 꼽을 수 있다. 현재의 엔진 기반 조향장치는 내연기관 자동차의 상징이자 운전자의 역할이 가장 빛을 발하는 부분이다. 자율주행차 시대에 가장 도전을 받는 영역이라고도 할 수 있다. 다가올 자율주행차 시대에는 엔진과 핸들이 직접 연결되지 않은 새로운 조향장치가 등장하기 때문이다. 자동차에 목적지를 입력하면 전자장치가 자동으로 방향을 정하고 이동하는 원리다. 이를 전문용어로 스티어 바이 와이어steer by wire라고 한다.

지금은 운전 중에 다른 곳을 보는 것은 물론 통화를 하는 행동도 매우 위험하다. 잘 알고 있듯이 이런 행동은 안전 운전을 방해하기에 법으로 금지된 사항이다. 그러나 머지않은 미래에는 달리는 차 안에서 통화하고, 마주 보고 이야기를 나누며, 음식을 먹기도 하고, 심지어 눈을 감고도 무사히 목적지에 도착하는 일이 일상이 될 것이다. 인간의 개입 없이도 안전하게 운행하는 자율주행차 덕분이다.

자율주행차Autonomous Vehicle는 운전자가 직접 조작하지 않아도 알아서 움직일 수 있는 차를 뜻한다. 자율주행차의 운전자는 말 그대로 탑승자로서, 차 안에서 다양한 인포테인먼트를 즐기며 목적지까지 편안하게 갈 수 있다.

1885년 내연기관 자동차가 발명되었고, 1900년대 초에는 포드의 검은색 자동차가 등장하며 자동차의 대중화를 앞당겼다. 이어서 다양한 색상과 디자인이 개발되어 오늘날에 이르기까지 자동차의 많은 것이 달라져 왔다. 하지만 자동차를 떠올릴 때 적어도 핸들, 엔진, 차체, 바퀴만큼은 바뀌지 않는 구성 요소로 여길 수 있었다.

그러나 엔진 대신 전기장치로 움직이는 차가 현대인의 삶에 등장했다. 게다가 전

기차가 출시된 지 얼마 지나지 않아서 자동차 업계는 핸들마저 필요 없는 미래 자동차, 인공지능으로 달리는 자율주행차를 개발하기 시작했다. 이제는 유명 자동차 회사에서 앞다투어 만든 자율주행차를 보는 일이 어렵지 않다.

핸들도 필요 없다니, 어떻게 이런 일이 가능할까? 기존의 내연기관 자동차가 엔진을 통해서 달리는 힘을 얻는 방식인 반면, 자율주행차는 전기장치에 의해서 움직이기 때문이다. 이 방식은 엔진을 대체했을 뿐 아니라 운전 방식 자체에 혁명적 변화를 가져왔다. 일반적으로 운전자는 목적지까지 가는 동안 수없이 많은 결정을 해야 한다. 그동안은 그 역할을 사람이 담당했다. 그런데

핸들과 브레이크 없이 방향을 조작할 수 있다는 것은 사람이 인지하고 판단하며 제어해 오던 일을 대신할 무언가가 등장했다는 뜻이다.

자율주행차는 탑승자를 목적지까지 안전하게 옮기기 위해서 매우 정교한 지도 즉, 고정밀 지도HD Map에 의존한다. 고정밀 지도는 도로의 표지판, 건물의 높이, 신호등 표시를 10센티미터 미만의 오차로 제작한 3차원 지도를 말한다. 고도화된 인지, 판단, 제어 능력을 사용하는 인간을 대신해서 운전할 인공지능의 인지, 판단, 제어를 도와줄 기초 자료가 된다. 고정밀 지도가 없다면 자율주행차는 제대로 기능하기 어렵다. 자율주행차는 고정밀 지도를 이용해 목적지로 향하는 길을 세밀히 파악한다. 인간이 시각, 청각, 후각 등 오감에 의존해 복합적으로 판단한다면, 자율주행차의 운전플랫폼은 고정밀 지도, 라이다·레이더 센서, 고성능 카메라, 5G와 같은 초고속통신망, 그리고 이 모든 정보를 종합해 판단하고 제어하는 인공지능의 합작품이라고 할 수 있다.

자율주행차를 공부할수록 인간이 얼마나 종합적으로 데이터를 수집하고, 판단, 대응할 수 있는 존재인지 깨닫게 된다. 동시에 인간의 운전 능력을 매우 빠른 속도로 익히고 나아가 더 안전한 미래 교통 시스템을 만들어 갈 인공지능, 자율주행차의 기능에 감탄하게 되기도 한다. 미국 도로교통안전국NHTSA 조사에 따르면, 자율주행차가 도입되면 안전거리 미확보, 음주 운전 등 인간의 잘못으로 발생했던 교통사고의 90퍼센트가량을 줄일 수 있다고 한다. 최근 통신업계가 적극적으로 투자하고 있는 5G와 자율주행차가 만났을 때 그 진가가 발휘된다. 고정밀 지도, 센서, 고성능 카메라 등 아무리 최고의 기술력을 확보했다 하더라도 달리는 차와 전체 교통 시스템 사이를 지연 없이 연결해 주는 고속 통신네트워크가 없다면 그 기능을 충분히 발휘하기 어렵다. 초단위보다 빠르게 바뀌는 도로 상황과 갑작스러운 보행자 진입 같은 돌발 상황을 곧바로 인지하고 대응할 수 있어야 한다.

자율주행차의 기술 발전과 네트워크 환경의 조성, 글로벌 자동차 회사들의 적극적인 투자 등으로 미래의 자동차 산업은 자율주행차가 주도하게 될 것이다. 이제는 누가 더 안전하고 효용성 있는 자율주행차를 만드는지에 관심이 모일 것이다.

새로운 주자의 거침없는 도전

전기차와 자율주행차는 어떤 관계가 있을까? 자율주행차는 소프트웨어로 움직인다. 소프트웨어로 달리기 위해서는 스마트폰을 사용할 때 필요한 에너지보다 수천 배 이상 많은 힘이 필요하다. 이를 위해 차량에 큰 배터리를 설치해야 하니, 자연스럽게 배터리로 달리는 진기차로 자율주행차를 만들게 된다. 이러한 점에서 전기차 분야의 선두 주자인 테슬라가 자율주행차 분야에서도 흥미로운 도전을 이어가고 있다. 운전자가 아무것도 신경 쓰지 않아도 되는 완전자율주행 단계까지는 미치지 못했지만, 안정적인 도로 환경에서 운전자의 개입을 최소화하도록 하는 실험을 하고 있다.

구글 역시 웨이모라는 자율주행차를 통해서 수백만 킬로미터의 자율주행 실험을 했다. 구글은 완전자율주행차를 출시하겠다는 목표로 캘리포니아를 포함한 미국의 주요 도시에서 웨이모 자율주행을 시행하고 있다. 글로벌 시장조사기관인 내비건트리서치에 따르면 구글의 웨이모는 자율주행기술에서 1위를 차지할 만큼 앞선 기술력을 가지고 있다고 한다. 그러나 웨이모가 학습한 미국의 도로를 벗어나 한국같이 낯선 도로에서 원활하게 자율주행을 할 만한 대처 능력은 여전히 부족하다는 평가다. 우리나라의 자율주행 전문가들이 진입해 기회를 확보할 수 있는 지점이라고 할 수 있다.

차량 공유 업체로 유명한 우버 역시 자율주행 트럭을 개발한 기업을 인수하면서 사업 영역을 넓히고 있다. 앞으로 자율주행차를 직접 개발해 우버의 서비스에 적용할 예정이라고 한다. 우버뿐만 아니라 많은 차량 공유 회사에서 플로팅이라는 새로운 서비스에 자율주행차를 도입하려고 연구 중이다. 기존에는 차량을 빌릴 때 정해진 곳에 가서 빌리고 반납도 정해진 곳에서만 해야 하는 번거로움이 있었다. 그러나 플로팅 서비스는 도착한 목적지에서 바로 반납하는 시스템으로, 지정된 곳까지 가서 반납해야

구글에서 만든 웨이모는 미국의 주요 도시에서 자율주행을 시행하고 있다.

하는 불편함을 해소한 서비스다. 플로팅 서비스가 상용화된다면 많은 사람이 이용하는 지점을 인공지능으로 찾아낸 뒤 차량과 호출하는 고객의 거리를 줄이고, 차량 운행비를 최소화해 효율적으로 활용할 수 있을 것이다. 플로팅은 자율주행차 시대에 기대되는 서비스로 관심을 모으고 있다.

테슬라와 구글 웨이모 같은 자동차 분야가 아니더라도 라이다, 레이더, 고정밀 지도, 인공지능 등 각 분야에서 빠르게 성장하는 글로벌기업이 있다. 대표적으로 이스라엘의 모빌아이는 카메라 센서에서 세계 최고 기술을 보유한 기업이다. 레이더, 카메라 등에서 수집한 정보를 자동으로 분석해 차량 운행을 실시간으로 제어하도록 돕는 기술을 확보하고 있다. 모빌아이는 뛰어난 기술력을 바탕으로 인텔에 약 17조 6,000억 원이라는 어마어마한 금액에 인수합병되었다. 또한 모빌아이가 협력하고 있는 히어 역시 자율주행차 시대에는 없어서는 안 될 고정밀 지도 기술을 가지고 있다. 엔비디아는 인공지능 기반 자율주행 플랫폼을 가지고 있는 회사로, 아우디와 같은 자동차 업체와 활발히 협력하고 있다.

캐시카우를 위한 선택

신규 사업자들의 거침없는 도전은 어쩌면 당연한 행보라고 할 수 있다. 그러나 내연기관 자동차를 주요 캐시카우로 삼고 있는 기존 자동차 제조사 입장에서는 고민이 되는 지점이다.

독일 3사라 불리는 다임러
벤츠, BMW, 아우디와 우리
나라의 현대자동차가 그 대
표다. 이들 업체는 초기에는
경쟁하듯 자율주행차 제조

사가 되겠다며 선언했으나, 점차 우선순위에 변화를 주는 모습이
나타나고 있다. 이들이 기존 시장점유율을 유지하기 위해서는 테
슬라나 웨이모 등의 전기차 제조사와 같은 전략을 쓸 수 없기 때
문이다.

다임러 벤츠는 다른 경쟁사보다 한 발 빠르게 자율주행차를
개발하기 시작했다. 이미 2014년에 최초로 자율주행 차량 시험
에 대한 공식 허가를 받았다. 하지만 처음 목표와는 달리 자동차
가 아니라 비교적 예측 가능한 경로로 이동하게 될 물류 트럭부
터 자율주행을 적용한다며 입장을 바꾸었다. 일반 소비자가 많은
자동차 시장 대신 정해진 지점을 이동하는 상업용 트럭을 첫 번
째 대상으로 선정함으로써 기존 고객 시장도 유지하고 신규 분
야도 공략하는 방향을 택한 것이다.

BMW 역시 자율주행차로 방향을 바꾸는 전략을 세웠지만 먼
저 전기차, 수소차를 개발하고 그다음 완전자율주행차를 적용하
는 순서로 진행하고 있는 듯하다. 더불어 BMW는 자율주행차와
운전자 보조 시스템을 개발하는 비용을 절약하고 빠르게 기술을

보급하기 위해 다임러 벤츠와 협력하겠다고 발표한 바 있다. 한편 아우디는 데이터통신 업체인 화웨이와 협력하기로 했다. 아우디는 2020년 세계 최대 가전 박람회인 CES에서 운전대가 없는 차량을 소개하면서, 미래 자동차가 집이나 사무실이 아닌 '제3의 생활공간'이 된다고 제시하기도 했다.

우리나라의 현대자동차는 1990년대 후반부터 수소차 산업을 준비해 왔다. 현대자동차는 기존의 전기차를 바탕으로 자율주행차를 만들면 전력을 공급하기 힘들 것이라고 본다. 따라서 수소차를 바탕으로 만든 자율주행차가 안정적인 에너지 공급에 더 적합하다고 판단하고 더욱 적극적으로 수소차 개발에 집중하고 있다.

자율주행차, 어디까지 왔을까

전기로 달리는 자율주행차

인류가 100년이 넘도록 타고 다닌 지금의 자동차는 엔진으로 움직인다. 내연기관 엔진은 도로에서 흔히 볼 수 있는 대부분의 자동차에 설치되어 있다. 흡기, 압축, 연소·팽창, 배기라는 4행정 사이클을 통해서 서로 기계가 맞물려 작동하며, 85~90도의 온도를 유지해 주어야 한다. 열에너지가 운동에너지로 바뀌며 자동차가 움직인다.

반면 전기차는 배터리의 전기에너지가 운동에너지로 바뀌는 것이기 때문에 내연기관 자동차보다는 열에 덜 민감하다. 전기차는 4행정 사이클을 돌아야 하는 내연기관 자동차보다 운동에너지로 전환하는 과정이 간단하다. 또한 내연기관 자동차가 운행할

> **히트펌프** heat pump
>
> 기존의 내연기관 자동차는 엔진에서 지속적으로 발생하는 열에너지를 겨울철 차량 냉난방에 활용한다. 하지만 전기차는 열에너지를 얻기 위해서 별도로 배터리를 써야 하는데 이때 히트펌프 기술이 적용된다. 전기모터나 통합 전력 제어장치에서 생긴 열을 버리지 않고 재활용해서 히터나 에어컨을 작동하는 에너지로 활용하는 기술을 의미한다.

때 생기는 피스톤과 실린더의 마찰 문제가 없고, 전기차의 모터는 소음이나 진동이 적어서 운전 중에도 조용하다. 대신 겨울철에 히터를 틀 때는 문제가 있을 수 있다. 차 안의 온도를 높일 때 엔진의 열에서 바로 열이 나오는 내연기관 자동차와 달리 신속하게 온도를 높이는 기능은 아직 부족하기 때문이다. 그러나 이를 개선하기 위한 히트펌프 옵션도 있고, 앞으로 기술개발을 통해 보완될 것이다.

전기차는 최근 더 인기를 끌고 있다. 차량 자체의 가격이 비싸도 구매할 때 정부의 보조금을 받을 수 있다는 점, 내연기관 자동차보다 소음이 적고 연비와 유지비가 저렴하다는 장점 때문이다. 초기에는 전기차 배터리의 수명이 짧다는 단점이 있었으나 배터리 기술의 발전과 함께 전기차 제조사에서 평생 무상으로 배터리 교체를 해주겠다고 보장하는 등 운행 환경이 좋아져 구매하는 사람이 많아졌다. 또한 전기차는 속도를 내기 위해 시간이 필요한 내연기관 자동차와 달리 시동을 거는 동시에 최대 속도를 낼 수 있다. 무엇보다 탄소배출량이 가솔린차의 절반에도 미치지 않는 친환경적인 자동차라는 점이 가장 큰 장점이다.

고정밀 지도, 센서, 고성능 카메라, 인공지능으로 움직이는 차

자율주행차가 운전자의 개입 없이 달리기 위해서는 자동차 자체가 도로 주행 환경을 실시간으로 인식하고, 판단하고 제어할 수 있어야 한다. 자율주행차는 고정밀 지도, 센서, 고성능 카메라 등 다양한 기술이 결합한 4차 산업혁명 시대의 융합 기술 그 자체다. 자율주행차는 도로의 장애물, 주변 차량의 움직임, 갑작스럽게 도로에 들어오는 사람 등을 라이다, 레이더와 고성능 카메라 등 센서를 통해서 수집한다. 또한 GPS와 고정밀 지도를 이용해 자동차의 위치와 상대 차량, 보행자의 위치를 정확히 계산해 주행에 반영한다. 이러한 자료를 바탕으로 목적지까지 가장 빠르고 안전한 경로를 설정하고, 앞차의 사고 같은 돌발 상황에도 판단할 수 있다. 만약 이상 징후가 발견되면, 속도를 조절하거나, 경로를 바꾸거나, 브레이크 같은 제동 장치를 제어하는 등 즉시 후속 조치를 취해 안전하게 자율주행을 할 수 있다.

최근에는 자율주행차가 일상생활에서 쓰일 수 있도록 첨단 자동차 기술이 속속 소개되고 적용되고 있다. 대표적으로 운전자지원시스템ADAS, Advances Driver Assistance Systems이 도입되었다. 운전자지원시스템은 고속도로와 같은 환경에서 일정 속도로 차량이 운전할 수 있도록 돕는다. 차선과 도로 위의 다른 차의 위치를 디스플

레이에 표시함으로써 주변 차량과 적절한 거리를 두고 차선 안에서 운전할 수 있도록 운전자를 지원한다. 만약 공사 구간이 나오면 조향 수정 기능을 통해서 차량 운전을 도와서 내비게이션에 맞게 도착지까지 운전자를 보조하는 기능을 한다. 또한 비상시 갓길로 유도하거나, 충돌을 피해 자동으로 속도를 줄이거나, 교차로 경고를 보내는 등 다양한 기능이 있다. 운전자지원시스템은 운전자의 피로도를 낮추고 안전한 운전을 이끄는 유용한 기능으로 주목받고 있다.

전기장치로 움직이는 자율주행차는 소프트웨어 시스템이 중요하다. 이를 위해서 클라우드, 보안, 인포테인먼트 영역에 대한 기술개발이 이루어지고 있다. 또한 자율주행차의 경로 설정, 도로 상황 파악, 고장 예측 등 관리 분야에 인공지능이 적용되고 있다. 딥 러닝을 통한 인공지능의 발전으로 차량의 상태를 실시간으로 진단하고, 고정밀 지도를 제작하는 동시에 변경되는 상황을 수정하며, 음성으로 차량을 제어하는 단계까지 발전하고 있다. 더불어 차량과 차량 사이의 통신뿐 아니라 차량과 인프라, 차량과 보행자, 차량과 다양한 사물과의 통신이 자유로워야 안정적인 자율주행이라 볼 수 있는데, 이를 V2X^{Vehicle to Everything}라 부른다. 현재 V2X를 위한 통신 기술이 5G 기술을 바탕으로 활발히 개발되는 중이다.

자율주행차의 기준

어떤 차를 자율주행차라고 정의할 수 있을까? 아직 합의된 기준은 없지만 대체로 미국 도로교통안전국의 자율주행기술 5단계와 미국 자동차기술학회SAE에서 구분한 6단계를 표준으로 삼는다. 이 책에서는 조금 더 상세하게 구분한 미국 자동차기술학회의 기준을 소개한다. 이 기준은 2014년 처음 정의되었고 2번 개정했다.

기준에 따르면 레벨 0~2에서 사고가 발생하면 모든 책임은 운전자에게 있다. 레벨 2에서는 ADAS 같은 운전자보조시스템이 좀더 많은 역할을 맡기는 하지만 보조적 기능이고 주요 판단은 사람이 하기 때문이다. 레벨 3부터는 본격적으로 자동차가 지능을 갖는다고 말할 수 있다. 종합적으로 판단하고 제어하는 기능이 탑재되며, 사람은 필요할 때만 개입해도 된다. 레벨 4는 비포장도로처럼 특이한 환경이 아니라면 운전자의 개입이 최소화되는 상황이다. 목적지를 설정해 이동하고 멈추기까지 차량이 자율적으로 결정한다. 마지막으로 레벨 5는 지능을 가진 자동차가 주행과 주차를 완전하게 할 수 있는 수준이다. 이 수준에서는 운전자가 필요 없다. 차 안의 공간은 사무실, 집, 때로는 식당처럼 이전과는 전혀 다르게 다가올 것이다.

현재 출시되고 있는 대부분의 자율주행차는 레벨 2와 3 수준이다. 고속도로처럼 비교적 차량 흐름을 예측할 수 있는 환경에서는 운전자의 개입 없이 이동할 수 있으며, 주행 환경에 따라서

현대자동차의 고속도로 주행 보조 시스템은 자율주행 레벨2에 해당한다.

적절히 감속과 회피 운전을 할 수 있는 정도다.

최근 들어서는 테슬라, 구글의 웨이모 등이 레벨 3~4 수준의 자동차를 만들고 적극적으로 시험주행을 하고 있다. 레벨 5인 완전 자동화가 되기까지는 기술의 안정성, 법률, 규제의 사회적 합의 등 아직도 넘어야 할 산이 많다. 이는 도전해야 할 분야가 많이 남아 있다는 뜻이기도 하다.

단계	정의	주요 내용
레벨 0	비자동화 (No Automation)	운전자가 전적으로 모든 조작을 제어하고, 자동차가 움직이는 데 필요한 모든 결정을 하는 단계
레벨 1	운전자 보조 (Driver Assistance)	자동차의 조향 지원시스템 또는 가속·감속 지원시스템이 실행되지만, 실질적으로 사람이 자동차를 작동시키는 단계
레벨 2	부분 자동화 (Partial Automation)	자동차가 조향 지원시스템 또는 가속·감속 지원시스템에 의해 운행하지만, 주행 환경은 사람이 확인하며 안전 운전의 책임도 운전자가 부담하는 단계
레벨 3	조건부 자동화 (Conditional Automation)	시스템이 운전 조작의 모든 측면을 제어하지만, 시스템이 운전자의 개입을 요청할 수 있는 단계. 따라서 운전자가 적절하게 자동차를 제어해야 하며, 그에 따른 책임도 운전자가 부담하는 단계
레벨 4	고도 자동화 (High Automation)	주행에 필요한 핵심 제어, 주행 환경 모니터링 및 비상 시의 대처 등을 모두 시스템이 수행하지만 시스템이 전적으로 항상 제어하지는 않는 단계
레벨 5	완전 자동화 (Full Automation)	모든 도로 조건과 환경에서 시스템이 항상 주행을 담당하는 단계

출처: 이형민, IITP, 자율주행 기술의 성장단계와 3가지 적용사례, 2018

미국 자동차기술학회의 자율주행차 기준

자율주행차가 만드는 미래

사라지는 직업, 탄생하는 직업

어떤 한 분야의 산업 환경이 바뀐다고 해서 우리 삶도 놀랄 만큼 달라질까? 꼭 그렇다고 할 수는 없지만 적어도 자동차 분야만큼은 우리에게 큰 영향을 미칠 것으로 예측된다. 2017년 분석기관 CB인사이트는 자율주행차 시대가 온다면 우리가 간과해서는 안 될 큰 변화가 몰려온다는 뜻이라고 발표했다.

발표에 따르면 우리가 차와 관련해서 당연하게 생각해 왔던 많은 것이 달라진다. 예를 들면 교통사고가 90퍼센트 가까이 줄어들 텐데 이는 자율주행이 주는 최대의 혜택이 될 것이다. 그러나 현저히 줄어든 사고 위험은 아이러니하게도 보험업에 적신호가 된다. 즉, 자동차 사고율 감소로 보험 가입의 필요성이 떨어져서 보험사는 자동차보험 대신 다른 서비스를 개발해야 하는 상황을 맞이하는 것이다. 이처럼 자율주행차 시대에는 직업에도 많은 변화가 생길 것으로 예상된다.

자동차 수리 분야 역시 기존과는 달라질 것이다. 자율주행차는 소프트웨어로 달리기에 이전의 차와 분명하게 다른 영역이다. 지금은 작업복을 입고 차량 밑에 들어가서 수리하는 정비공이 일반적인 모습이라면, 앞으로는 PC 모니터 앞에서 3D 스캐닝과 통신을 통해서 고장 난 부분을 고치는 모습이 더 익숙해질 것이다. 따라서 이 분야에 관심이 있는 청소년들은 소프트웨어공학, 전자공학, 전기공학에 대한 전문적인 지식을 쌓는 것이 중요하다.

자율주행차가 등장한다고 했을 때 가장 직접적으로 타격을 입는 분야는 바로 운전기사가 해오던 일이다. 택시나 트럭 운전사들이 더 이상 운전에 개입할 여지가 없어지기 때문이다. 자동차는 인간처럼 일정 시간 운전하고 쉴 필요가 없으니 단거리 노선에 직접적인 타격을 줄 수 있다. 자율주행차를 탈 경우, 오스트리아의 빈에서 출발해 쉬지 않고 밤새 이동해 다음 날 아침 이웃 나라 이탈리아 피렌체에 도착해도 부담이 없다.

규모가 축소되는 분야도 있지만, 새롭게 주목받는 분야도 있다. 앞에서도 잠깐 언급했던 차량 공유 서비스가 대표적이다. 앞으로 필요할 때마다 예약해 나만의 차처럼 자유롭게 이용하는 서비스가 더 확대될 것으로 전망된다. 기존의 택시 대신 자율주행 공유 택시가 널리 퍼지면, 주차장도 없는 도심에서 차량을 굳이 소유하려는 사람이 줄어들 것이다.

이는 또한 대중교통을 이용하는 모습도 바꿀 것이다. 즉, 자율주행차가 집 앞까지 온다면 굳이 집에서 버스정류장까지 걸어 나가고, 번거롭게 시간에 맞추어 지하철을 탈 필요가 없기 때문이다. 특히 자율주행차는 운전자의 인건비가 들지 않기 때문에 다양한 요금으로 고급에서 보급형 서비스 등을 제시해 탑승객을 유인할 것이다. 교통 인프라가 충분히 발달하지 않은 지역에 살아서 1시간에 1대 정도 오는 버스를 기다려야 했던 고령층의 이동에도 활력을 줄 것으로 기대하고 있다. 택시와 같은 현재의 자동차 크기뿐 아니라 버스, 미니밴 등 다양하게 제공되어 이용자의 선택권이 넓어질 예정이다.

이와 더불어 새롭게 떠오르는 직업군도 있다. 특별히 무인자동차 엔지니어는 <2025 유엔 미래보고서>에 실릴 정도로 주목받는 직업이다. 소프트웨어로 움직이는 자율주행차의 고장은 생명과 직결된 영역이기 때문에 문제가 생길 경우 전문가가 즉시 보수해야 한다. 무인자동차 엔지니어는 라이다, 레이더, 카메라의 작동 이상에 적절하게 대응하고 관련 소프트웨어와 부품을 개발하는 일이 주요 업무라고 할 수 있다.

자동차 관련 직업의 환경도 다양해질 것으로 전망된다. 지금처럼 자동차 제조사에 소속되어 일할 수도 있지만, 미래 자동차의 특성상 1대 1의 맞춤형 서비스를 제공하는 사람이 필요할 것이다. 따라서 계약된 차량을 유지보수해 주는 프리랜서로 활동하거나 소프트웨어 개발을 위한 스타트업을 세울 수도 있다.

퍼스널 모빌리티에서 드론까지

자율주행기술은 자동차에만 적용되는 것일까? 물론 아니다. 자율주행기술은 퍼스널 모빌리티부터 유인 드론에 이르기까지 다양한 탈것에 적용된다. 한 명이 이용하는 탈것을 퍼스널 모빌리티라고 부른다. 자전거, 오토바이, 1인용 자동차 등을 모두 포함한 단어다. 퍼스널 모빌리티 시장은 지금 시작 단계지만 1인가구의 증가에 따라서 늘어나고 있다. 특히 주차와 보관이 쉽고 언제든 편하게 이동할 수 있다는 점에서 주목받는다. 만약 퍼스널 모빌리티에 자율주행 기능이 생긴다면, 노인인구의 이동 제약을 해결하는 대안으로 떠오를 가능성이 크다.

이미 아는 것처럼 자율주행 연구는 자동차 분야에서 가장 활발하다. 그러나 다임러 벤츠의 전략에서 보았듯이 가장 먼저 보편화될 분야는 물류용 트럭일 것이다. 트럭이 고속도로같이 비교적 예측 가능한 도로를 오랜 시간 달린다는 점과 목적지가 정확하다는 점 때문이다. 매번 목적지가 달라지는 자율주행 택시와 달리 고도의 기술이 필요하지 않다는 점에서 가장 먼저 널리 퍼질 것으로 보인다.

물론 자율주행 택시에 대한 기대감도 높다. 다임러 벤츠는 2025년 벨기에서 자율주행 택시를 선보이겠다는 계획을 발표했다. 도심의 지리를 학습한 인공지능이 자율주행 택시에 설치되고 일상적으로 쓰일 날이 머지않았다는 기대감을 준다. 하지만 실제로는 법규나 안전성 면에서 넘어야 할 산이 많다. 자율주행 분야에 관심이 있는 청소년들에게는 아무도 정복하지 못했던 새로운 분야에 도전할 기회라고 할 수 있다.

또한 하늘을 나는 자율주행 드론 또는 소형 항공기 개발도 활발하다. 이미 도심의 빌딩을 주요 지점으로 삼고 실험하고 있는 글로벌기업이 있다. 유인 드론은 사람을 태우기 때문에 배송이나 관찰에 쓰이는 정찰 드론과는 달라 매우 높은 안정성을 확보해야 한다. 앞으로 개발해야 할 영역이 많이 남아 있다. 만약 유인 드론이 일상적으로 쓰이게 된다면 복잡한 교통을 피해서 짧은 시간에 목적지까지 이동하는 혁신적인 이동체로 관심을 받을 것이다. 동시에 광역버스나 기차 운행에는 약간의 타격을 줄 수 있다.

스마트시티와 자율주행차

각국 정부는 스마트시티를 세우는 데 열정적인 모습을 보인다. 도시의 환경 개선과 삶의 질 향상, 지속 발전 가능한 도시 개발을 위해서다. 에너지, 빌딩, 관공서, 교육, 문화 등 스마트시티를 만들기 위한 각 분야의 노력은 적극적이라고 할 수 있다. 특히 가장 눈에 띄는 분야가 C-ITS^{Cooperative-Intelligent Transport Systems}다. C-ITS는 자율주행뿐 아니라 일반 자동차의 주행에도 꼭 필요한 시스템으로, 주변 교통 상황과 도로의 급작스런 사고 등 위기 상황을 실시간으로 알려 준다. C-ITS를 이용하면 위치 기반 데이터, 교통정보, 위험 구간 정보, 도로 기상 정보, 수시 작업 구간 정보, 스마트 톨링 정보, 보행자 충돌 방지 경고, 다른 차량의 사고 등 도로 안전과 관련된 다양한 정보를 제공받게 된다. 특히 자율주행차는 센서에 의존해서 운행하게 되므로 센서 사각지대 운행 시 꼭 필요한 정보를 제공하는 중요한 시스템이다.

스마트시티에서는 C-ITS 센터를 운영한다. 종합적인 상황을 판단하고 정보를 제공해 자율주행차가 안전하게 운행할 수 있도록 돕는다. 차량의 원활한 흐름을 유도해 차가 막힐 때 느끼는 물리적·정신적 피로도를 낮추고 사람뿐 아니라 물류의 순환을 적극 지원하게 된다. 자율주행차는 이 시스템을 바탕으로 운영될 예정으로 자율주행차 시대에 없어서는 안 될 중요 인프라라고 할 수 있다.

스마트시티의 자율주행차는 사람들의 생활 패턴에도 영향을 줄 것이다. 복잡한 도심에서 자기 차량을 소유하고, 주차할 곳을 찾고, 비용을 감당할 필요가 줄어들기 때문이다. 앞에서도 이야기했듯이 모바일 애플리케이션으로 호출하면 언제든 원하는 곳까지 와서 태우고 목적지까지 데려다 주는 자율주행 택시가 등장할 것이며, 그 덕분에 대중교통 정류장까지 가서 기다리는 번거로움도 해소될 수 있기 때문이다. 운전자가 따로 있어야만 멀리까지 이동할 수 있던 노약자와 장애인도 집 앞까지 오는 자율주행 택시나 셔틀을 이용해 더 자유롭게 이동하게 된다고 긍정적으로 전망할 수 있다.

소유하지 않고 공유하는 자동차 문화가 소비 유형에도 영향을 미칠 것으로 전망한다. 나만의 차를 갖는 대신 편리한 이용과 접근성을 중요하게 여기는 문화로 바뀔 것이다. 차량의 외관에 투자하기보다는 자율주행하는 차 안에서 누릴 콘텐츠에 투자하는 방향으로 달라질 것이라 예측한다.

자율주행차 시대를 준비하며

자율주행차가 사고를 내면 누가 책임져야 할까

자율주행차의 등장은 법률 전문가들에게도 새로운 도전이다. 우버와 테슬라의 사고를 보면 어떤 판단이 옳은가에 대해 더 많은 논의가 필요하다. 지난 2018년 무단횡단을 하던 보행자가 우버의 자율주행차에 치여 사망하는 사건이 있었다. 미국 연방 교통안전위원회 조사에 따르면 우버의 보행자 인식 오류에 따른 경고음 미작동이 원인이었다. 같은 해에 테슬라의 차가 중앙분리대를 들이받아 운전자가 사망하는 사고가 났다. 이 사건 역시 충돌방지 장치가 작동하지 않아 일어난 사고라는 점에서 자율주행에 대한 우려를 낳기도 했다.

두 사고를 통해 자율주행 중에 일어난 사고의 책임이 어디에

구분	우버 사례	테슬라 사례
시기	2018년 3월 18일 밤 10시	2018년 3월 23일 오전 9시
사고 내용	자전거를 끌고 무단횡단을 하던 보행자가 자율주행 모드로 운행하던 우버 차량에 치여 사망한 사건. 센서가 보행자를 발견할 수 있는 인지 시간이 적어도 3초 이상 있었음. 당시 차량 속도는 70km/h 미만이었음. 해당 차량은 레벨 4의 시험 운행 중이었으므로 100퍼센트 자율주행이라 할 수 있음.	캘리포니아 101번 도로를 자율주행하던 테슬라 차량이 중앙분리대와 충돌한 후 전복되고 불타는 사건 발생. 운전자가 병원으로 이송된 후 사망함. 충돌로 인해서 자동차의 배터리 팩이 파손되어 화재가 일어났음.
조사 결과	조사 초기에는 무단횡단을 했던 보행자 책임으로 보였으나, 미국 연방 교통안전위원회의 조사 결과에 따르면 우버의 시스템이 보행자를 위험하지 않은 물체로 인식하는 오류를 범했다고 함. 즉, 도로 위의 돌발적 움직임을 예측 시스템이 판단하지 못해 운전자가 운전권을 가져야 한다는 경고음이 제대로 울리지 않았기 때문에 책임이 있음.	충돌 3.9초 전에 앞 차량을 인지하지 못해서 속도를 높이다가 사고가 났음. 사고 전 10초 동안 운전자는 아무런 조작을 하지 않았고, 전방 충돌에 대한 경고도 울리지 않았음. 운전자가 게임을 하면서 자율주행에 의존했다는 점에서 충돌 방지 장치의 비작동에 따른 운전자의 주의 산만도 사고 원인으로 지적됨.

자율주행 중 발생한 대표적 교통사고

있는지에 대한 분석이 필요하며, 관련 법규의 재정비도 필요하다는 시사점을 얻을 수 있었다. 앞으로 완전자율주행 단계에 이르기까지 기술, 법률 규제, 도로 환경 등 수많은 과제가 남아 있다고 할 수 있다.

자율주행차가 만들어 내는 새로운 공간

사람의 할 일이 줄어든 차 안에서 기존의 운전자는 어떻게 시간을 보내게 될까? 물론 완벽한 자율주행차 시대가 되어서 사람의 개입이 전혀 필요 없는 수준이 되기 전까지는 운전에 참여해야 할 것으로 보고 있다. 그러나 언젠가는 더 이상 운전에 신경을 쓰지 않아도 되는 자율주행 시대가 올 것이다. 그때의 자동차는 탑승자만을 위한 공간으로 변화될 것이라는 예측을 할 수 있다.

자율주행차 시대에는 차량을 소유하지 않고 공유한다. 플로팅 서비스가 도심 내 짧은 거리 이동에 사용되기도 하지만, 서울과 부산, 나아가 나라와 나라를 이동하는 수단이 되어 기존의 기차, 고속버스, 근거리 저가항공과 경쟁할 수도 있다. 이는 탑승자의 필요가 다양해질 것이라는 뜻이다.

일상에서 차량을 이용할 때 사람들은 차를 타기 전에 하던 일을 끊김 없이 하게 될 것이다. 예를 들어서 회사에서 회의를 하던 중에 이동하게 되어도 차량 내 스크린을 통해서 화상회의를 이어 갈 수 있으며, 숙제를 하던 학생은 차량 내 스크린을 PC처럼 활용해 숙제를 마칠 수 있다. 집에서 만화를 보던 아이는 차 안에서 재미있게 보던 만화를 이어서 볼 수 있게 된다.

이렇듯 자율주행차 시대에는 정보 검색, 엔터테인먼트, 업무 처리, 예약 등 기존에는 운전 중에 할 수 없었던 일이 가능해질 것이다. 따라서 자동차 안의 공간을 제2의 집처럼 활용할 수 있도록 지원하는 분야가 주목받는다. 맞춤형으로 제작된 콘텐츠가 탑승자의 욕구에 따라 다르게 제공되고, 그에 따른 새로운 소비

시장이 형성될 것이다. 자율주행차는 운전 형태뿐만 아니라 삶의 공간도 변화시키게 될 것이다.

직업은 사회의 변화에 따라서 성장하기도 하고 쇠퇴하기도 하며 또 새롭게 탄생하기도 한다. 예를 들면 항공기 기장은 비행기가 발명된 이후에 등장했으며, 지식재산권 전문 법률가도 저작권 보호의 중요성이 인식된 현대에 와서야 발전하기 시작한 직업이다.

그렇다면 자율주행차 시대에는 어떤 직업이 주목받게 될까? 테슬라와 우버의 사고 사례에서처럼 자율주행차 운행 중에 일어난 사고를 전문으로 맡을 **법률가**의 등장을 예상한다. 자율주행 레벨에 따라서 운전자의 책임일 수도 있고 자동차 제조사의 문제가 될 수도 있기 때문이다. 새로운 기술이 등장하면 기존의 법률로는 해결하지 못하는 사건이 점점 더 많이 생길 것이다. 따라서 법률제도를 정비하는 역할이 필요하며, 문제의 옳고 그름을 판단할 판사, 변호사 등 법률 전문가의 활약도 기대되는 분야다.

이를 준비하기 위해서는 법학과나 법학전문대학원에 진학해서 법과 관련된 기본 지식을 배워야 한다. 이와 동시에 앞으로 등장할 신기술에 대해 깊이 이해해야 한다. 전기전자공학, 컴퓨터공학, 소프트웨어학에 대한 지식도 필요하다. 자율자동차의 기술을 이해하지 못한다면 이로 인해 발생되는 사고의 피해와 책임 소재를 밝히는 데 어려움을 겪게 될 것이다. 이는 사회질서의 혼란으로 이어질 우려가 있다.

자율주행차의 등장은 교통사고율을 90퍼센트가량 줄이는 결과를 가져온다. 교통사고가 일어날 가능성이 적어지니 운전자 보험을 가입하는 사람도 줄어들 것으로 보인다. 그러나 자동차가 사무, 휴식, 오락을 위한 공간으로 바뀐다는 점에 착안한다면 보험의 종류도 그만큼 다양하게 생겨 날 것이라고 예측할 수 있다.

따라서 경영학과 회계학의 기본적인 지식이 있되, 소프트웨어와 심리학적 지식까지 갖춘 **보험설계사**가 필요하다. 자동차 사고에만 대응하던 접근 방식에서 벗어난다면, 제3의 공간인 차에서 벌어질 다채로운 경험에 보험을 접목해 새로운 시장을 개척할 수 있을 것이다.

소프트웨어로 달리는 자동차라면 피할 수 없는 해킹 문제도 있다. 요즘도 종종 기업이나 국가의 보안프로그램이 해킹을 당해 국민들에게 막대한 피해를 주는 일이 일어난다. 개인정보나 국가 기밀 데이터의 유출이라는 점이 매우 심각하게 다루어지면서 기업과 국가에서는 막대한 예산을 사용해 해킹 방지를 위한 보안전문시스템을 세우고 운영한다.

자율주행차 시대의 보안은 한 걸음 더 나아간다. 인명 피해와 직접 연결되기 때문이다. 영화에서는 종종 중요한 정치인이 탄 차량을 테러하는 장면이 나온다. 실제로 자율주행차의 도입을 망설이는 이유 중의 하나가 테러에 대한 대비책이 아직 부족하다는 것이다. 해커가 자율주행차 플랫폼에 접근해 차의 운행을 방해하거나 심지어는 고의로 사고를 내서 탑승자가 차를 조작하지 못하도록 할 가능성이 있다. 이러한 문제를 방지하기 위해 각국에서는 해마다 규모를 키워 **보안 전문가**를 양성하려는 계획을 세운다.

다시 말해서 보안 전문 분야는 성장할 가능성이 높은 블루오션이다. 소프트웨어학과 컴퓨터공학 지식을 기초로 삼고 다양한 환경에서 프로젝트 경험을 쌓는다면 도움이 될 것이다.

20세기에는 자동차 전문가가 기계공학을 전공하고 정교한 엔진을 개발해 신형 자동차에 설치하는 것이 당연한 일이었다. 그러나 자율주행차 시대에는 엔진의 기능과 플랫폼의 기능을 한데 모은 소프트웨어 전기장치의 전문가가 필요하다. 앞으로는 소프트웨어에 대한 해박한 지식을 바탕으로 복잡한 장치들이 오류 없이 원활하게 움직이도록 설계할 수 있는 자동차 프로그래머의 역할이 아주 중요해질 것이다. 자동차 제조사에서는 정교하고 정밀하게 설계된 자동차 자율운행 시스템을 전문적으로 다룰 수 있는 인재를 찾을 것이다.

자동차 소프트웨어 개발자는 자동차 제조사에 입사해 자동차의 설계부터 운행 테스트에 이르기까지 분야별로 나누어서 작업하게 될 것이다. 여기서 특이 사항은 컴퓨터 앞에 앉아서만 일하지 않는다는 점이다. VR 기기를 장착하고 제조 과정에서 일어날 문제점을 미리 체크하거나, 이용자의 입장에서 기능이 편리한지 앞서 경험해 보는 등 업무의 범위가 더욱 넓어질 것으로 예상된다.

이미 일부 자동차 회사에서는 인공지능이 설치된 VR을 업무에 활용하고 있다. 새로운 모델을 출시할 때는 그에 맞는 제조공정을 세우게 된다. 기존에는 이때 오류가 발생하면 고스란히 그 비용까지 감수해야 했다. 그러나 지금은 제조 과정의 오류를 설계 단계에서 미리 확인하고, 비용을 줄일 수 있게 되었다. 또한 작업자가 감당할 수 있는 적절한 무게나 행동반경을 미리 확인해서 더욱 적합한 제조공정을 만들 수 있다. VR과 같은 첨단기술이 설계 단계에 도입되면서 짧은 시간에 효율적으로 신규 모델을 생산하는 기반을 갖추게 된 것이다.

이와 더불어 자율주행차 시대에 주목받는 또 하나의 직업이 있다. 바로 **자동차 콘텐츠 개발자**다. 기존에는 창문으로 앞을 살펴보며 지나가는 경치나 위치를 확인했다. 그러나 자율주행차 시대에는 극단적으로 창문이 없는 차량도 생길 수 있다. 사람이 운전에 주의를 기울일 필요가 없기 때문이다. 자동차를 '제3의 공간' 또는 '제2의 집'이라고 부르게 되는 만큼 이 공간에 대해 새롭게 접근해야 한다. 자동차 창문은 이동 중에 필요한 콘텐츠를 제공하는 멀티미디어 창이 될 것이다. 출근길의 직장인이 탑승할 경우 회의 자료가 차량 스크린에 나타나고 화상회의까지 할 수 있다. 어린아이가 탔을 때는 장거리 이동의 무료함을 달래기 위해서 키즈 콘텐츠를 제공할 수도 있다.

자동차 콘텐츠라는 새로운 시장이 생겨 나고, 새로운 직업군도 만들어질 가능성이 높다. 실제로 콘텐츠는 사용 환경에 큰 영향을 받는다. 모바일이 등장하기 전에는 영화관의 스크린으로 영화를 보거나 집에서 TV 화면을 응시하면서 1시간 정도의 드라마를 보는 것이 일상적이었다. 그러나 모바일기기가 일상적으로 쓰이게 되면서 짧은 틈을 이용해 소비되는 콘텐츠가 많아졌다. 실제로 유튜브의 성공은 그러한 트렌드를 적절히 반영한 결과라고 할 수 있다. 이제 콘텐츠가 자동차라는 영역까지 들어오게 된다. 공유 자동차를 이용할 때도 시청하던 콘텐츠를 이어서 보거나, 화상회의를 할 수 있는 수준으로 발전할 것이다.

여기에 필요한 전문가가 바로 콘텐츠 개발자다. 사용자가 이동하는 환경에 따라서 맞춤 콘텐츠를 제공할 수 있다. 쇼핑이나 원격진료에 이르기까지 차 안에서 이용할 수 있는 콘텐츠는 끝이 없다. 따라서 콘텐츠 개발자의 역할이 커질 것으로 전망된다.

자동차 콘텐츠 개발자가 되기 위해서는 소프트웨어학과, 컴퓨터공학과, 멀티미디어학과 등으로 진학해 관련 분야를 배워야 한다. 아울러 인문학적인 창의력도 갖추면 좋다. 인문학적인 지

식과 경험은 새로운 콘텐츠를 개발하거나, 기존의 콘텐츠를 차
량 내 콘텐츠로 재창조하는 데 도움을 줄 것이다.

5장

데이터가 왕이다,
빅데이터

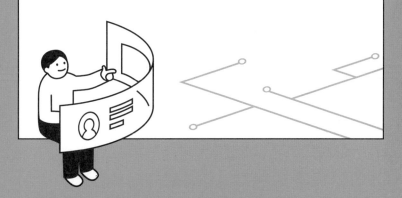

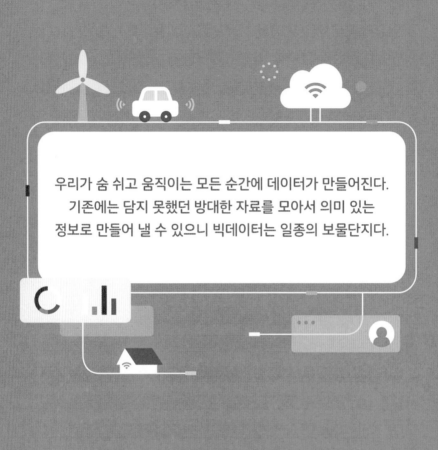

우리가 숨 쉬고 움직이는 모든 순간에 데이터가 만들어진다.
기존에는 담지 못했던 방대한 자료를 모아서 의미 있는
정보로 만들어 낼 수 있으니 빅데이터는 일종의 보물단지다.

글로벌기업의 보물창고

데이터의 숨은 의미를 찾아라

4차 산업혁명 시대의 기업은 빅데이터와의 전쟁 중이라고 말해도 지나치지 않다. 수많은 데이터 중 의미 있는 신호를 보내는 데이터를 그냥 지나치면 큰 트렌드나 변화의 징조를 놓칠 수 있고, 경쟁사가 먼저 파악했을 경우 기업에 회복할 수 없는 피해를 주기도 하기 때문이다.

그렇다면 기업의 흥망성쇠를 좌우할지도 모른다는 데이터 분석은 무엇일까? 오늘날 사회에서 벌어지는 일 중에 아무 관점 없이 만들어지는 정보는 없다. 정보를 분석할 때 가격이라는 가치를 담을 수도 있고, 소비자의 성별이라는 관점으로 구분할 수도 있다. 이처럼 다양한 기준과 관점 중에서 무엇을 선택하고 데이터를 파악할 것인지는 전략을 수행하는 데 중요한 요소다. 이제는 우스갯소리로 사람 숫자만큼 많아졌다고 말하는 CCTV에 찍힌 영상 데이터를 생각해 보자. 같은 영상을 보더라도 장사하는 사람은 역 주변의 유동 인구에만 관심이 있을 수 있고, 경찰은 우범지역을 중심으로 영상을 보려 할 수도 있다. 또 교통방송 리포터는 교차로에서의 차량 흐름에 관심을 가지고 영상을 볼 것이다.

기업에서 빅데이터가 사용된 대표적 사례로 장바구니를 분석해 의미 있는 결과를 찾아낸 월마트 이야기를 많이 한다. 미국의 대형마트인 월마트는 고객의 장바구니에 관심을 갖고 분석하면서 흥미로운 결과를 얻었다. 맥주와 기저귀가 동시에 팔리는 경향이 크다는 사실을 발견한 것이다. 이 결과에 대해서 퇴근길의 남편이 아내의 기저귀 심부름을 하면서 자신이 마실 맥주를 사기 때문이라는 말과 육아에 시달리는 부부가 아이를 재우고 잠깐의 휴식을 위해 맥주를 산다는 말 등 다양한 해석이 있다. 분명한 것은 데이터를 통해 고객의 구매 경향을 분석했다는 사실이다.

이미 포화된 시장에 접근할 때 고객별 맞춤 서비스가 필요하다는 점은 마케팅 분야의 상식이다. 예를 들어 유통업체에서 30대 미혼 남자의 편의점 이용 행태를 안다면 타깃별 맞춤 상품을 제공하는 데 도움이 되며, 이러한 데이터는 상품 기획, 마케팅 계획 등을 수립하는 데 중요한 요소로 활용할 수 있다. 그러다 보니 빅데이터 분석에 기대하는 기업이 날로 늘어나고 있다.

월마트가 고객들의 장바구니를 분석해 기저귀와 맥주 사이의 관계를 알아낸 일은 대표적인 빅데이터 활용 사례다.

앞으로 소개할 기업들은 회사의 이윤을 극대화하겠다는 관점으로 데이터를 모으고, 저장하며, 분석하고, 다시 가공해 활용한다. 대표적으로 글로벌 시가총액에서 늘 선두에 있는 팡FANG을 살펴보자. 팡이 빅데이터를 어떻게 다루고 있는지 본다면 기업이 빅데이터를 바라보는 관점을 이해하는 데 도움이 될 것이며, 나아가 미래 직업의 세계를 엿보는 데도 유용할 것이다.

팡의 빅데이터 활용법

비즈니스 뉴스를 보면 자주 보게 되는 신조어가 있다. 바로 '팡'이다. 팡은 페이스북Facebook, 아마존Amazon, 넷플릭스Netflix, 구글Google의 약자로서, ICT 대표기업이자 21세기의 세계경제를 이끌고 가는 기업들이다. 공교롭게도 모두 빅데이터를 매우 효율적으로 활용한다는 점에서 주목할 만하다. 결론부터 말하면 빅데이터와 기업의 성과를 별개로 놓을 수 없을 만큼 이 둘은 밀접한 관계가 있다. 빅데이터를 이용해 이윤 창출에서부터 미래 먹거리까지 발굴하는 영리한 기업이라는 점에서 팡을 다루어 보고자 한다.

먼저 페이스북은 디지털화된 이미지, 문자, 동영상 등의 데이터를 세계에서 가장 많이 가진 기업 중 하나다. 우리가 올린 사진이나 무심코 '좋아요', '싫어요'를 누른 영상과 사진을 통해서 우리의 성향을 확인한다. 페이스북의 강점은 이용자의 관심사를 실시간으로 파악할 수 있는 빅데이터 시스템을 갖췄다는 것이다. 즉각적인 관심사 파악을 통해서 특정한 사회적 이슈에 사람들이 어떻게 반응하는지 도표로 만들 수도 있다. 예를 들면 개표 결과가 나오기 전부터 선거 결과를 예측할 수 있는 풍부한 '데이터 동산'을 얻을 수 있다.

아마존은 빅데이터 산업에서 가장 앞장선 움직임을 보이는 기업이다. 온라인 서점으로 시작했던 아마존은 전문가가 도서를 추천하던 기존 방식 대신 사용 형태, 구매 경향 등이 비슷한 그룹을 분석해 개별 고객 맞춤형으로 추천해 주는 방식을 택했다. 이를 '협업 필터링Collaborative filtering' 시스템이라고 하는데, 이 또한 일종의 빅데이터 분석에 바탕을 둔 시스템이다. 이를 통해 아마존은 개별 고객의 취향에 더욱 관심을 가지게 되었다. 아마존에는 '데이터가 왕이다'라는 말이 있을 정도다.

아마존은 빅데이터를 이용해서 소비자의 구매 의지를 파악해 가격을 바꾸는 정책을 사용하고 있다. 예를 들어 하와이행 비행기 티켓을 검색하는 고객이 많아지면 가격이 올라가는 식이다. 아마존이 거래를 중개하는 플랫폼인 만큼 온라인 사기를 방지하는 것이 중요한데, 이때도 빅데이터 분석을 통해서 신뢰하기 어렵다고 여겨지는 판매자를 걸러 내고 차단한다. 거래의 투명성을 효과적으로 보장해 고객의 구매 의사도 높아진다. 또한 맞춤 상품을 제안해 재구매율을 높이는 데도 빅데이터를 활용하고 있다.

아마존은 세계 최대의 온라인 쇼핑 중개 플랫폼이라는 위치에

만족하지 않고 빅데이터를 활용한 흥미로운 실험을 진행 중이다. 2장에서 이야기했던 무인 매장 아마존 고다. 특히 많이 팔리는 상품과 재고가 얼마 안 남은 상품을 예측하고 관리한다는 점에서, 빅데이터를 매우 효과적으로 활용한 사례라고 할 수 있다. 이 무인 매장이 성공하게 되면 분명히 그 범위가 확대될 것이다. 무인으로 운영되는 약국, 주유소, 카페 등이 생길 것이며, 언제나 그 핵심에는 강력한 빅데이터 분석 알고리즘이 있을 것이다.

앞에서 잠깐 언급한 아마존의 인공지능 스피커 알렉사도 살펴보자. 알렉사는 원래 날씨와 뉴스 등을 알려 주는 14개 정도의 기능만 있었는데 최근에는 3만 개 이상의 세분화된 기능을 갖췄다. 이는 그동안 수집한 데이터가 그만큼 많아졌다는 뜻이다. 아마존은 머지않은 미래에 고객이 구매 버튼을 클릭하기도 전에 고객의 빅데이터를 분석해 상품을 먼저 배송하는 시대가 오리라 생각하며 준비하고 있다. 치약이 떨어지기 전에 고객이 자주 사용하는 치약이 배송되는 식으로 말이다.

넷플릭스는 나보다 나의 영화 취향을 더 잘 안다고 알려진 기업이다. 로맨스 영화를 좋아한다고 말하지만 실제로는 스트레스를 받을 때마다 액션 영화를 보는 고객의 성향을 정확히 파악하고 영화를 추천하는 식이다. 넷플릭스의 영화 추천 시스템은 이미 정평이 나 있을 정도로 정확하다. 넷플릭스가 추천해 준 영화를 보고 만족하는 고객이 점차 늘고 있다. 여기에는 다각적이고 전문적인 빅데이터 분석 역량이 뒷받침되어 있다고 할 수 있다. 넷플릭스는 고객의 시청 취향을 비슷한 그룹과 비교한다. 또한 영화의 장르를 액션, 코미디, 로맨스 등으로 구분하는 데 그치지 않고, 7만여 개에 달할 정도로 세밀히 분류해 영화를 추천한다. 이러한 맞춤형 추천은 인공지능을 기반으로 한 머신 러닝으로 점점 더 정확해지고 있으며, 고객의 취향을 정확히 예측하는 데 기여하고 있다.

일상생활에서 단 하루라도 구글을 사용하지 않는 날이 있을까? 우리는 구글의 검색엔진을 사용하고, 유튜브로 좋아하는 가수의 공연 영상을 보며, 구글맵으로 목적지를 찾아 간다. 이러한 서비스를 이용할 때 쓰는 휴대폰의 운영시스템조차 구글의 안드로이드인 경우가 많으니, 구글의 서비스를 피해서 살기가 더 어려운 시대가 되었다.

그렇다면 이 많은 서비스를 대부분 무료로 제공하는 구글은 봉사 단체일까? 물론 절대 아니다. 구글이 제공하는 서비스는 표면적으로는 무료다. 그러나 깊이 생각해 보면, 무료인 것처럼 보이는 모든 서비스의 이면에 다른 것이 있음을 깨닫게 된다. 즉, 심심할 때나 메일을 확인할 때, 자료를 찾을 때, 구글을 이용하는 순간마다 우리는 귀한 개인정보를 무상으로 넘겨주고 있다. 이렇게 모인 데이터가 빅데이터 분석 과정을 거쳐서 맞춤 광고로 만들어진다. 우리의 지갑을 열게 하는 자극이 되어 돌아오는 것이다. 이를 위해 구글은 빅데이터 플랫폼을 세우고 전 세계에서 수집되는 데이터를 저장하고 분석한다. 이를 통해 기업의 가치를 높이고 미래 트렌드를 읽어서 다른 기업보다 먼저 우위를 차지하기 위해 준비하고 있다. 특히 구글은 딥 러닝, 머신 러닝 등 인공지능 영역의 강자다. 빅데이터와 융합해 고도화된 맞춤형 상품 및 서비스를 제안할 수 있는 역량만큼은 최고라고 할 수 있다.

보이는 데이터 시대

빅데이터는 어떻게 만들어지는가

'데이터 홍수 시대에 살고 있다'는 말을 많이 듣는다. 데이터가 하늘에서 비처럼 내린다는 말일까? 절반은 맞고 절반은 틀리다. 데이터가 감당할 수 없을 정도의 홍수처럼 넘쳐 나는 것은 맞다. 하지만 하늘에서 내리는 비와 같이 외부에서 밀려오는, 어쩔 수 없는 요인은 아니다. 우리가 매일 일어나서 밥 먹고 공부하고 일 하고 놀면서 숨 쉬는 모든 순간에 만들어 내는 것이 데이터다.

그렇다면 우리가 만들어 낸다는 데이터는 무엇일까? 일반적으로 데이터는 의미를 가진 정보를 이르며 정형데이터와 비정형데이터, 반정형데이터로 나눈다. 주로 기록할 수 있는 문서나 고정된 형식을 갖춘 정형데이터는 지금까지 학교나 회사의 시스템에 주로 사용해 온 데이터를 의미한다. 그동안 데이터라고 할 때는 이런 저장 형태를 말하는 것이 일반적이었다.

　최근 IT의 발달로 주목받게 된 비정형데이터는 텍스트나 이미지, 영상 등 어떤 형태라고 특정할 수 없고 계산할 수도 없는 데이터를 말한다. SNS에 게시된 댓글이나 포스팅, 사진, 동영상, 위치 정보 등이 여기에 속한다.

　반정형데이터는 정형데이터처럼 형태는 있지만 비정형데이터처럼 연산이 가능하지는 않아서 데이터의 규칙성을 파악하는 과정을 거친 후 활용할 수 있는 데이터다. 센서를 통해서 수집된 데이터가 여기에 속한다. 빅데이터는 정형데이터, 비정형데이터, 반정형데이터를 모두 아우른다.

　빅데이터는 기존에 없던 데이터를 완전히 새롭게 만들어 내는 것이 아니다. 오래전부터 인간은 이동하면서, 대화하면서, 소비하면서 끊임없이 데이터를 생산해 냈다. 그러나 이전 시대에는 의미 없이 흩어졌던 비정형데이터가 디지털 시대에는 의미 있게 바뀌었다. 수많은 비정형데이터가 PC나 휴대폰, 센서 등에 흔적을 남기고, 그 흔적이 어딘가에 저장되며, 필요할 때 분석해서 활용할 수 있게 된 것이다. 다시 말하면 과거에 생산되었던 데이터는 존재하되 가치가 없었다. 왜냐하면 그 데이터를 한데 모아서 수집, 저장 분석할 수 있는 기술적 환경처리, 분석, 활용이 마련되지 않았기 때문이다.

빅데이터라는 말이 활발하게 사용되기 시작한 지는 불과 10여 년이 안 되었다. 그렇다면 이전에는 데이터 분석이나 데이터를 통한 예측 작업을 하지 않았을까? 물론 이전에도 정형데이터를 분석해 왔다. 그러나 인터넷의 확산, 모바일 기기와 다양한 센서의 등장이 정형데이터를 분석하던 기존의 방법으로는 감당할 수 없는 세계가 있다는 것을 알게 해주었다. 그것이 바로 오늘날의 빅데이터다.

보이지 않는 세상을 열다

빅데이터의 특징을 3V볼륨(volume), 다양성(variety), 속도(velocity)라 한다. 볼륨은 기존의 데이터와는 확연히 다르게 데이터의 크기가 커졌다는 뜻이다. 일반적으로 빅데이터에는 테라바이트에서 페타바이트 수준의 데이터가 포함된다.

다양성이란 기존의 정형데이터뿐 아니라 다양한 소스의 비정형데이터와 반정형데이터를 포함한다는 뜻이다. 그리고 속도는 산더미 같은 데이터 중에서 필요에 맞는 정보를 신속하게 찾아 통찰력 있는 분석을 뽑아내는 것이 중요하다는 의미로 강조된다. 결국 빅데이터의 목적은 다양한 정보 속에서 의사결정을 이끌어내는 힘에 있다고 할 수 있다.

우리가 원하든 원하지 않든 간에 수많은 데이터가 쏟아져 나오고 있다. 살아 있는 동안, 숨 쉬고 움직이는 모든 순간에 데이

테라바이트Terabyte와 페타바이트Petabyte

디지털의 기본 단위인 비트가 8개 모여서 바이트byte가 되는데, 이 바이트가 약 1조 개 모인 것을 테라바이트라 한다. 다른 말로 1,024기가라고도 한다. 보통 영화 한 편에 2기가 용량이라고 생각하면 된다.

페타바이트는 1,125조 바이트로 1,024 테라바이트에 해당한다. 테크월드의 보도에 따르면 5G의 최대 속도인 20Gbps로 1페타바이트의 데이터를 다운로드하려면 약 24일이 걸린다고 한다. 페타바이트는 그만큼 방대한 양이다.

터가 만들어지며, 기업은 그 데이터를 수집하고 저장하고 분류하고 분석하고 시각화해 의미를 부여한다. 기존에는 담지 못했던 방대한 자료를 모아서 의미 있는 정보로 만들어 낼 수 있으니 이를 활용하는 정부, 기업의 입장에서 빅데이터는 일종의 보물단지다. 데이터를 목적에 맞게 분류하고 의미 있는 덩어리로 나누거나 재분류하는 과정을 통해서 데이터가 말하고자 하는 것을 드러내어 해석하는 과정 역시 미래산업에서 매우 중요한 분야다. 따라서 고도의 학습 능력과 경험을 겸비한 전문가들이 필요할 것이다.

빅데이터를 제대로 활용하려면

빅데이터 시장의 성장 요인

빅데이터 분석 시장이 해마다 눈에 띄게 성장하고 있다. 한국IDC의 2019~2023 시장전망 자료에 따르면 국내 빅데이터 시장은 연평균 11퍼센트의 높은 수치로 성장할 예정이며, 2023년에는 약 2조 5,000억 원이라는 큰 규모의 시장이 될 것이라고 한다. 또한 글로벌 시장조사기관인 마켓앤마켓은 전 세계 빅데이터 시장이 2023년에는 약 774억 달러약 95조 원 규모로 성장할 것이라고 발표했다.

앞에서 이야기했던 내용을 다시 떠올려 보자. 빅데이터는 너무 많은 양의 정보라서 그 자체로 활용할 수 없다. 사용할 분야에 맞게 의미 있는 덩어리로 묶인 데이터를 선택하기까지 정교한 단계를 거치게 된다. 이러한 일이 가능한 것은 주요 기술이 실제 기업 활동에 적용될 수 있을 정도로 발달했기 때문이다. 이 분야의 전문가가 되고 싶다면 빅데이터가 가치를 갖게 되는 과정을 깊이 생각하고 연구해야 한다. 이 과정에 쓰이는 기술에 대한 이해가 빅데이터 전문가에게 필수적인 역량이라고 할 수 있다. 일반적으로 빅데이터 활용은 데이터 수집, 데이터 저장, 데이터 (전)처리, 데이터 분석, 데이터 활용이라는 과정을 거친다.

빅데이터가 본격적으로 주목받기 전에도 기업에서는 데이터를 분석해 왔다. 그러나 기존의 데이터 분석은 정형데이터를 중심으로 원인이나 결과를 분석하는 단순한 방식이었다. 반면 빅데이터는 페타바이트에 이를 만큼 거대한 데이터이므로 고도의 컴퓨팅을 통해서 분석하게 된다. 정형데이터뿐 아니라 비정형데이터, 반정형데이터까지 분석하기 때문에 매우 복잡하며, 인과관계보다는 상관관계를 분석하는 데 집중하고 있다. 하둡, R 등의 공개소프트웨어를 이용하면 누구나 빅데이터 분석에 참여하거나 분석 결과를 활용할 수 있다. 이러한 개방형 구조 덕분에 각 학문 사이의 교류와 협업이 가능한 시스템을 갖추고 있다고 할 수 있다.

빅데이터를 이용하기 위해서는 방대한 데이터를 수집하고, 저장하고, 분석하고, 활용하는 단계를 거친다. 각각의 단계마다 다른 기술이 적용된다. 먼저 원천 데이터를 수집하는 기술을 살펴보자. 원천 데이터는 회사나 학교에서 사용하는 웹문서와 다양한 파일, 전기나 수도의 사용량 같은 실시간 데이터, 대용량 동영상, 사진, SNS 데이터, 인터넷에 접속하는 데이터, 검색 데이터 등을 말한다. 데이터를 수집할 때는 크롤링 엔진, 로그 수집기, 센싱 기술, 오픈 API 등의 기술이 쓰인다. 이 과정은 여러 데이터 원천에서 자동으로 수집되기도 하고, 목적을 가지고 검색해서 수집하기도 한다.

이렇게 모인 데이터를 효과적으로 저장하는 기술 역시 빅데이터 활용의 핵심기술이다. 모든 데이터를 효율적으로 저장하는 게 중요하다. 흩어져 있는 데이터를 짧은 시간에 처리할 수 있도록 변환해서 저장해야 한다는 뜻이다. 마치 도서관에 수만 권의 책이 있더라도 제대로 정리된 목록만 있다면 단숨에 필요한 책을 찾아낼 수 있는 것과 비슷하다. 특히 오픈소스 소프트웨어가 보급되면서 데이터를 분산해서 저장하는 방식이 일반화되고 있으며, 클라우드를 통해서 방대한 데이터가 나름의 체계를 가지고 저장되어 분석 처리를 즉각적으로 할 수 있도록 배치되어 있다.

다음으로 빅데이터 분석을 위한 (전)처리기술이다. 데이터는 언뜻 보기에는 흩어져 있고, 별다른 의미가 없지만, 이 과정을 통해서 잠재된 의미의 넝어리로 재배열되기도 한다. (전)처리 과정에서는 본격적인 분석에 앞서 대량의 데이터를 분산하고 나란히 늘어놓아 실시간으로 처리할 수 있도록 준비한다. 빅데이터 분석

기술은 구체적인 목적에 맞게 숨겨진 데이터의 의미를 찾는 것으로 통계 분석, 데이터마이닝대규모의 자료 안에서 일정한 규칙을 찾아내어 분석하는 일, SNS 분석 등 다양한 기술이 적용되고 있다.

이 모든 과정을 통해서 본격적인 빅데이터 활용이 가능해진다. 활용 단계에서는 일반적으로 복잡하고 많은 양의 데이터를 한눈에 보기 쉽게 이미지화한다. 분석 결과를 그래프로 만들기도 하고, 다양한 목적에 따라 정리해 의사결정을 돕는다. 무엇이든 분석의 대상이 될 수 있다는 점에서 빅데이터 분야는 특정 학문의 지식뿐 아니라 융합적인 접근이 필요한 영역으로 성장하고 있다.

빅데이터의 가치를 높이는 기술

여러 번 이야기했듯이 4차 산업혁명 시대는 융합의 시대다. 이 표현을 단번에 이해시켜 주는 대표적인 영역이 빅데이터다. 사물 인터넷, 클라우드, 인공지능과 파이썬 같은 도구가 융합될 때 방대하게 흩어져 있던 데이터에서 실시간으로 의미를 찾아내는 놀라운 일이 가능해진다.

우리는 과거에도 데이터를 분석했다는 사실을 잘 알고 있다. 그러나 테라바이트 수준이었던 데이터가 1,024테라바이트인 페타바이트 수준으로 늘어나면서 이전의 방식으로 데이터를 분석하는 일은 불가능에 가까워졌다. 비교도 할 수 없을 만큼 방대한 데이터가 쏟아지는 요즘, 어떤 요소로 인해 빅데이터 분석이 더욱 주목받는 영역이 될 수 있었을까? 바로 클라우드, 사물인터넷, 인공지능을 적용할 수 있는 환경 덕분이다.

다시 말해서 ICT 관련 기술이 빠르게 발전하면서 빅데이터를 체계적으로 관리할 수 있는 환경이 가능해졌다고 할 수 있다. 특히나 성질이 다른 수많은 데이터를 실시간으로 확보할 수 있게 된 것은 사물인터넷의 발전 덕분이다. 흩어진 데이터를 수집할 수 있는 수많은 센서와 모바일 기기와의 연계를 통해서 빅데이터의 원재료가 만들어진다.

방대한 데이터를 저장할 수 있는 클라우드의 발전도 한몫했다. 기존의 방식으로는 분석하기 어려웠던 데이터가 디지털화된 점도 간과할 수 없다. 또한 대용량 컴퓨팅을 바탕으로 한 인공지능의 비약적 발전 덕분에 실시간으로 데이터를 수집하고 분석할 수 있게 됨으로써 오늘날 말하는 빅데이터 분석이 자리를 잡게 되었다.

첫 번째 조력자인 사물인터넷은 2장에서 설명한 것처럼 전 세계의 정보를 실시간으로 수집하는 거대한 정보원이다. 아무리 분석 기술이 발달해도, 분석할 재료가 풍부하지 않다면 빅데이터 산업이 발전하기 어려웠을 것이다. 셀 수 없이 많은 사물인터넷 센서는 데이터 정보를 모아 클라우드 서버에 보낸다. 이는 마치 먹음직스러운 요리를 만드는 데 필요한 음식 재료가 냉장고에 잘 정리되어 있는 상태와 같다.

두 번째 조력자인 클라우드를 가장 잘 활용하는 기업을 떠올려 보자. 바로 아마존이다. 아마존은 온라인 쇼핑 플랫폼의 안정적 서비스뿐 아니라, 앞에서 소개한 무인 매장 아마존 고를 운영하는 일에 클라우드를 활용한다.

클라우드는 수많은 데이터를 저장해 두는 창고와 같다. 이 저장 창고는 사무실 컴퓨터나 외장하드에 데이터를 담던 기존의 방식과는 다르다. 클라우드는 네트워크 다이어그램에서 인터넷을 표기한 그림이 구름의 모습이라서 붙여졌다는 설명이 일반적이다. 구름처럼 특정한 형태가 있는 것이 아니라 인터넷으로 연결되어, 대용량 데이터가 중앙 컴퓨터_{우리가 인지하지 못하는 장소다}로 전송되어 저장되는 기술이다. 일단 클라우드에 저장되어 있고 인터넷 접속만 할 수 있다면 어디서나 데이터를 꺼내어 작업할 수 있다. 따라서 의존도가 점차 높아지는 기술이다. 특히 언택트 시대에는 특정한 공간에 모여서 작업하기보다는 서로 다른 공간에서 온라인으로 접속해 클라우드에 저장된 자료를 공유하며 회의하거나 작업하는 일이 더 늘어날 것으로 전망된다.

빅데이터 산업을 발전시키는 세 번째 조력자는 바로 대규모의 데이터도 짧은 시간에 처리할 수 있는 인공지능 기술이다. 매번 분석할 내용을 지정하지 않아도 된다. 1장에서 이야기했듯 인공지능 기술은 머신 러닝과 딥 러닝을 통해서 스스로 학습한다. 알아서 빅데이터 분석을 수행해 데이터를 다각적으로 활용하고, 그

의미 역시 다양한 관점에 맞게 이끌어 낼 수 있다.

　우리나라의 유명 제과 회사는 인공지능의 도움으로 날씨에 따라 잘 팔리는 제품이 다르다는 사실을 알게 되었다. 이에 대응한 결과 매출이 30퍼센트 이상 올랐다고 한다. 또 다른 의류 회사는 SNS를 분석해 다음 시즌의 유행 트렌드를 파악하고 새로운 제품을 출시할 때 반영하고 있다. 앞으로 사람과 의사소통할 수 있는 인공지능이 적용되면 제품이 판매되기 전에 문제점을 진단하고 수정해 제안하는 일까지 가능해질 것이다.

　빅데이터 기술은 사물인터넷, 클라우드, 인공지능의 도움을 받아서 데이터를 단순히 분석할 뿐 아니라 앞날을 내다보는 수준에 이르기까지 발전하고 있다. 또한 점점 영향력이 커져 기업의 핵심역량으로 자리를 잡고 있다. 이에 빅데이터 전문가의 역할도 다양해질 것이므로 청소년들의 미래 직업으로 적극 추천하는 분야다.

세상을 바꾸는 빅데이터

빅데이터가 알려 주는 성공 지도

대기업들이 앞다투어 빅데이터 분야에 뛰어들어 막대한 투자금와 전문 인력을 투입하는 이유를 팡의 사례에서 배웠다. 다시 정리해 보자.

첫째는 기존의 방식과 관점으로는 찾을 수 없었던 완전히 새로운 정보를 주기 때문이다. 이전에는 파악하지 못했던 정보를 알게 되기도 한다. 예를 들어 사람들이 자신의 속마음과 달리 말할 때는 멋지게 포장하는 경우가 있는데 빅데이터 분석을 통해서 그 '거짓'이 드러나기도 한다. 말로 표현하지는 않지만 자신의 성향이나 취향이 밝혀지기도 한다. 채식주의자라고 말하면서 배달 음식으로 떡갈비를 주문한 기록 같은 것이다. 이에 대해 빅데이터 알고리즘이 알려 주는 '진실'이 존재한다고 말하기도 한다. 예를 들어서 자신은 인종을 차별하지 않는다고 말하지만 무언가를 검색할 때는 그러한 성향이 드러나기도 한다. 이러한 불편한 진실은 왜곡되었던 판단을 바로잡고 사실에 더 가깝게 다가가게 만든다. 기업활동에서는 소비자의 숨겨진 마음을 읽는 것이 중요한데, 이것을 빅데이터 분석이라는 창을 통해서 알아 가고 있다고 할 수 있다.

둘째는 기저귀와 맥주의 사례에서처럼 보이지 않던 데이터를 확대해서 볼 수 있기 때문이다. 빅데이터 분석은 관련이 없을 것이라 생각했던 요소들 사이에서 연결고리를 찾아내도록 돕는다. 마치 현미경으로 들여다보아야 보이는 얇은 실처럼 이어진 보일 듯 말 듯한 연결고리다. 특히나 바이러스가 전파되는 문제를 연구할 때 이러한 얇은 연결고리를 찾는 것이 너무나도 중요한 작업임을 코로나19 바이러스를 겪은 우리는 선명하게 알고 있다. 그러면 빅데이터의 특성을 잘 활용하는 산업 분야를 알아보자.

환자를 치료하는 빅데이터

병이 위중하면 그 분야의 경험이 많은 명의를 찾아다니는 노력을 아끼지 않는다. 유명한 의사의 진료를 받기 위해 몇 달, 심지어 1년 가까이 기다리는 일도 있다. 이러한 쏠림 현상은 왜 일어나는 것일까? 정확한 진단과 치료를 받고 싶기 때문이다.

의료 분야는 생명과 직결된 만큼 빅데이터의 활용이 가장 기대되는 분야다. 의료 분야의 첨단기술은 우리 삶의 질과 연결되는 중요한 부분이라고 할 수 있다. 최근 주목받는 IBM의 슈퍼컴퓨터 왓슨은 환자와 질병에 대한 수많은 데이터를 수집하고, 인간 의사와는 비교할 수 없을 정도로 빠른 시간 안에 병을 진단하며, 환자의 특성에 맞는 치료법을 내놓는다. 한 실험 결과 전문의들이 환자의 병명을 알아내기 위해 여러 차례 회의하고 연구한 반면, 빅데이터 기반의 인공지능 의사 왓슨은 몇 분 만에 환자가 걸린 암의 구체적인 병명과 적절한 치료 방법을 제시해 세상을 놀라게 했다. 그 이후로 의료 분야에서 빅데이터 기반 인공지능 의사의 활약이 점차 커지고 있다.

구글이 2020년 초에 발표한 논문에 따르면, 인공지능 의사는 유방암 조기 진단 영역에서 사람인 방사선 전문의보다 더 정확하다고 한다. 폐암 진단 정확도도 94.4퍼센트로 전문의보다 5~10퍼센트 정도 높다. 이는 인공지능 의사가 약 4만 개의 흉부 컴퓨터단층촬영 자료를 학습해 얻어낸 결과로서, 놀라운 빅데이터 분석 기술을 보여 준 사례라고 할 수 있다.

아무리 유능한 의사라 하더라도 1만 건의 수술을 하려면 수십 년의 세월이 걸릴 수밖에 없다. 반면 인공지능 의사라고 불리는 의료 컴퓨터는 수백만 권에 달하는 의료 지식을 학습하고 새롭게 등록된 환자의 병명을 진단한 뒤 처방하기까지 일사천리로 진행한다. 의료 분야는 빅데이터와 협업 관계를 유지할 수밖에 없다. 빅데이터를 잘 활용하면 오진을 최소화하고 불필요한 과잉 진료를 줄일 수 있다. 또한 의료진 입장에서도 환자별로 맞춤 진료가 가능해짐에 따라서 더욱 많은 환자를 효율적으로 진료할 수 있는 환경이 만들어질 것이다.

더불어 빅데이터를 바탕으로 작동하는 인공지능 의료 컴퓨팅의 도입은 의료 환경을 더욱 혁신적으로 변화시킬 예정이다. 예를 들면 아기가 태어나기 전에 유전 특징을 파악해 유전적으로 취약한 질병을 미리 진단하고 예방하게 될 것이다.

의료 분야의 빅데이터 전문가는 진단과 처치뿐 아니라 DNA를 활용한 예방의학, 응급의학, 인공 팔, 인공 다리와 같은 재활에 이르기까지 다양한 분야의 지식과 경험, 통찰력을 갖춰야 한다. 빅데이터를 활용해 현대인의 삶의 질을 향상시키는 데 기여하는 직업이다.

교통 시스템을 바꾸다

현대인의 삶에서 빠질 수 없는 이동수단인 자동차 분야에서도 빅데이터의 활용은 활발하다. 차량 공유 업체인 우버는 승객이 차량을 호출하면 가장 가까운 곳에 있는 차량을 배정해 준다. 호출부터 탑승까지의 시간을 줄여 고객 편의를 향상시켜 주는 서비스다. 현재 운행 중인 우버의 위치 정보를 파악하고 최적의 경로를 분석해서 제공해 주는 빅데이터 기술 덕분이다. 이러한 데이터가 쌓일수록 주행거리를 최적화하고 수익성을 고려해 서비스를 개선할 수 있다. 자율주행차 시대에는 무인 자동차가 고객이 자주 호출하는 장소에서 대기하는 서비스가 이루어질 것이다. 이를 위해 빅데이터 분석 알고리즘을 개발하는 중이다.

우리는 자율주행차 시대에 대한 기대감이 있다. 차 안에서 아무것도 하지 않고 목적지까지 이동할 수 있는 획기적인 기술이 수년 안에 일부 도시에서 실현될 예정이라고 한다. 앞서 설명했듯이 다임러 벤츠는 2025년 벨기에에서 자율주행 택시를 운행하기 위해 연구 중이다. 자율주행은 4차 산업혁명 주역들의 기술 발전 덕에 가능해지고 있다. 라이다, 레이더, 수많은 센서, 인공지능 기반 분석, 5G와 같은 고속의 통신망이 그것이다. 그와 동시에 소프트웨어의 재료가 되는 다양한 빅데이터의 모음이 자율주행차의 인지, 판단, 제어를 도와주고 있다는 점에 주목해야 한다.

엔진 대신 소프트웨어로 달리는 미래의 자율주행차는 주차, 정차, 운행 시에 차량의 상태에 대해서 데이터를 생산해 낸다. 주변 차량, 교통 신호 등 외부 환경의 변화도 센서를 통해서 쌓인다. 날씨 변화, 돌발 사고, 도로 공사 등 다양한 변수가 이 모든 정보와 결합해 빅데이터가 된다. 무인 자동차는 이러한 빅데이터를 활용해 목적지까지 안전하게 이동할 수 있다. 사전 진단을 통해서 고장 나기 전에 알아채고 부품을 교체해 사고를 미연에 방지하기도 한다.

자동차뿐 아니라 자율주행 트럭, 무인 지게차, 유인 드론 등 다양한 이동체에 빅데이터 기술이 적용되어 자율주행차 시대를 준비하고 있다. 교통 분야에서는 기계공학 지식에 더해 컴퓨터공학, 소프트웨어공학, 빅데이터 분석 지식, 인공지능 지식 등을 요구하고 있으며 산업의 전망 또한 밝다.

물류와 유통의 신세계

물류와 유통 분야 역시 빅데이터의 활용이 기대된다. 내가 클릭도 하기 전에 필요한 물건이 우리 집 앞까지 배송되는 날이 머지않았다. 앞에서 소개한 것처럼 아마존이 이를 준비하는 대표적인 기업이다. 인공지능, 빅데이터, 클라우드, 드론 기술을 활용해 자동으로 고객별 맞춤 상품 목록을 만들고, 드론을 이용해서 집 앞까지 배송하는 시스템을 실험하고 있다. 주문이 입력되어야만 상품을 발송하던 기존의 물류 패러다임을 완전히 변화시키는 일이다.

또한 빅데이터는 무인 매장의 핵심 기술이자 보이지 않는 직원이다. 무인 매장은 적절한 재고 관리를 하며 잘 팔리는 제품을 알맞은 공간에 배치하는 것이 성공 요인이다. 빅데이터 분석을 활용한다면 지역별, 고객층별, 시즌별로 다양한 요소를 반영해 무인 매장을 성공적으로 운영할 수 있다.

우리나라에도 빅데이터를 이용해 관리하는 무인 편의점
이 많이 생기고 있다.

공공의 이익을 책임지다

스마트시티가 발전하면서 정부와 지자체는 대도시에서의 안전하고 쾌적한 삶을 위해 노력하고 있다. 효율적이고 정확하게 대응하기 위해 빅데이터를 사용하는 사례 역시 점차 늘고 있다. 전 세계의 정부가 4차 산업혁명에 높은 관심을 보인다. 일자리 환경뿐 아니라 시민들의 일상에 가져올 지대한 변화 때문이다. 인공지능, 클라우드, 사물인터넷 같은 기술을 공공 분야에 잘 활용한다면 복지국가의 기초를 마련하고 시민들의 삶의 질을 올릴 수 있다는 기대감이 높다.

대부분의 선진국은 이미 환경오염, 도시의 낙후된 생활환경, 노령 인구의 증가, 일자리의 쏠림과 부족 현상에 대해 고민하고 있다. 이러한 문제를 해소하기 위해 정부에서 여러 방면으로 노력하고 있으며 세계 기구를 통한 나라 간의 협력도 활발하다.

대표적인 문제로 늘어나는 미세먼지가 있다. 미세먼지는 시민들의 활동을 위축시키고 있다. 많은 논문에서 미세먼지가 기저질환이 있는 사람들의 수명에 영향을 미칠 수 있음을 경고하기도 한다. 미세먼지가 주로 어디에서 발생하고, 어떤 시기에 심해지며, 어떤 노력을 통해서 줄일 수 있는지를 연구하는 일에 빅데이터 분석이 핵심적이다. 수닌에서 수십 년 동안의 대기질 변화는 물론 화재, 공장 매연, 자동차 매연 등의 데이터를 분석하고, 대응 방안의 효과를 측정하는 모든 단계에서 빅데이터 기술이 활용된다.

　스마트시티를 관리하고 통제하는 일에도 그동안 쌓인 빅데이터가 큰 도움을 준다. 범죄가 자주 발생하는 지역을 분류하고 어두운 거리, 유흥업소가 밀집된 장소 등에 대한 빅데이터를 분석하면 유용하게 사용할 수 있다. 스마트가로등과 CCTV를 설치할 적당한 위치를 찾는 것처럼 정부에서 효과 있는 방법을 결정하는 데 도움이 된다.

　스마트시티를 세우는 일은 각 정부가 꿈꾸는 목표다. 동시에 자신의 삶을 안전하고 쾌적하고 유쾌하게 즐기기 바라는 시민들의 이상이라고도 할 수 있다. 도시에서 생겨나는 데이터를 효과적으로 활용한다면, 더욱 안전하고 생산적인 도시가 만들어질 수 있다.

빅데이터 분야의 전문가는 데이터 분석가, 프로그램 개발자, 시스템 매니저로 나눌 수 있다. 여기저기 흩어진 데이터를 의미 있는 덩어리로 분류해 가치 있게 활용하고 지속적으로 관리하는 프로세스가 모두 필요하기 때문이다.

먼저 **데이터 분석가**는 해당 데이터의 특성을 이해하고 구체적인 활용 방안을 기획하며 제시한다. 데이터가 사용될 분야에 대한 이해를 바탕으로 사용자에게 필요한 데이터를 제공한다.

우리가 잘 알듯이 구글이나 인스타그램을 통해서 셀 수 없이 많은 비정형데이터를 모을 수 있다. 이렇게 모은 데이터 속에서 트렌드나 흐름을 읽어 내는 일이 데이터 분석가의 일이다. 예를 들어 금요일 SNS에 홍대와 특정 맥주가 자주 올라온다면, 유행과 성향을 찾고 분석해 적절한 마케팅 인사이트를 제공한다. 선거철에 특정 이슈나 후보가 얼마나 검색되는지 파악함으로써 개표 전에 후보자의 당락당선과낙선을 정확히 예측하는 일도 한다.

빅데이터 산업의 지휘자라고도 할 수 있는 데이터 분석가가 되기 위해서는 통계학과 컴퓨터 프로그래밍에 대한 전문 지식, 해당 분야의 트렌드와 기술에 관한 기초적 이해가 필요하다. 프로그램을 정확하게 구현하기 위해서는 프로그래머와의 소통이 매우 중요하므로, 프로그래밍에 대한 지식을 갖출수록 유리하다고 할 수 있다. 데이터 분석가는 지금도 금융, 제조, 마케팅뿐 아니라 선거, 공익 활동 등에서 다양하게 활약하고 있다. 앞으로 그 분야가 더욱 넓어질 것으로 기대된다.

다음으로 데이터 분석가의 계획이 실행되도록 도와주는 **빅데이터 분석 프로그램 개발자**가 있다. 데이터 분석가가 아무리 뛰어난 통찰력으로 데이터 분석의 방향을 제시한다고 해도 그 일에 필요한 프로그램이 없다면 탁상공론에 불과하다. 빅데이터 분석을 실행할 수 있도록 하는 프로그래밍 능력을 갖춘 개발자가 필요하다.

프로그램 개발자가 되기 위해서는 컴퓨터공학, 소프트웨어공학 등을 공부해 고단위의 프로그램에 대한 이해와 경험을 쌓아야 한다. 인공지능 활용 기술과 고급 프로그래밍 기술을 갖추는 것이 무엇보다 중요하다. 또한 데이터 분석가와의 소통이 원활하게 이루어진다면 우수한 결과물을 만들 수 있다. 자신이 만든 프로그램이 적재적소의 목적에 맞게 활용될 수 있도록 기획자인 데이터 분석가의 방향성을 파악하고 협업하는 것이 중요하다.

마지막으로 빅데이터 분석 결과가 꾸준히 활용되도록 빅데이터 프로그램을 관리하는 전문가가 있다. 빅데이터는 살아 있는 유기체처럼 실시간으로 바뀌는 정보다. 따라서 프로그램 설계 초기에 미처 예상하지 못한 다양한 변수가 생길 수 있다. 따라서 프로그램을 실제 사용하는 과정에 수정하고, 개선하며, 시스템을 안정적으로 운영하는 것이 중요하다. 빅데이터를 많이 활용할수록 이런 **빅데이터 시스템 매니저**의 역할도 더 중요해진다.

시스템 매니저가 되기 위해서는 프로그래밍에 대한 전문 지식과 컴퓨터 운영 관리 지식, 관련 경험이 풍부해야 한다. 앞으로는 빅데이터 시스템이 다양한 플랫폼과 연계해 더 활발하게 쓰일 예정이므로 시스템 매니저의 역할도 늘어날 것이다.

빅데이터 시장은 인공지능과 클라우드 기술의 발달, 곳곳에 흩어져 있는 사물인터넷의 상호작용으로 점차 확대되고 있다. 그러나 양날의 검처럼 우려 사항도 따라온다. 대용량 데이터를 실시간으로 수집하고 분석해 활용한다는 것은 그만큼 정보 보안을 유지하기 힘들다는 뜻이기 때문이다. 실제로 보안 위협을 인지한 각국의 정부에서는 빅데이터 관련 산업의 발전과 더불어 안전한 활용을 위한 법률을 본격적으로 제정하고 있다. 유럽의 경우는 '유럽 데이터 경제육성 정책'을 통해서 개인정보보호를 강화하는 조항을 발표했고, 우리나라도 개인정보보호를 위한 법률과 피해 구제안을 적극적으로 마련하는 중이다.

가상의 세계가 지배하는 시대다. 디지털이 모든 것을 대체한다는 말이 나올 정도다. 데이터의 유출은 기업의 존폐존속과 폐지를 가를 정도로 심각한 문제다. 그만큼 정보 보안 전문가의 역할이 중요하다.

정보 보안 전문가가 되기 위해서는 일단 프로그래밍에 대한 이해가 필요하다. 어떤 프로세스로 데이터가 수집되어 저장되고, 어떻게 활용되거나 재가공되는지 정확히 알아야 한다. 또한 단계별 위험 요소를 제대로 파악해야 한다. 따라서 컴퓨터공학, 소프트웨어공학과 더불어 전자공학 지식을 갖추는 것이 이 직업에 전문적으로 접근하기 위한 첫 번째 조건이다. 보안 위협 요소에 대해서도 꾸준히 공부해야 한다. 나날이 교묘해지는 해커들의 공격에 대응해 보안 장치의 수준을 높여야 함은 물론이다. 특히 통신이 끊기거나 자연재해로 데이터가 손실되는 등 다양한 위협 요소를 대비하는 데 필요한 자원을 찾고 활용하는 능력 또한 중요하다.

정보 보안 전문가는 프로그램 대응 능력뿐 아니라 법률적인 이해를 갖추어야 위기에 대응할 수 있다. 미래에는 프로그램 전문가와 법률 전문가가 협업해 정보 보안 산업을 이끌어 가게 될 것이다. 법률 전문가로서 정보 보안 전문가의 역할도 한다면 신기술에 적용하기에 아직 불완전한 법률적 한계를 이해하고 대응할 수 있다. 법의 틈새를 활용한 신종 범죄에 대해서도 미리 인지하고 대응 방안을 마련해야 한다. 효과적으로 법률 자문을 하려면 빅데이터 플랫폼에 대한 이해와 기본적인 프로그래밍 기술에 대한 지식도 있어야 한다. 그래야만 데이터 분석가, 프로그램 개발자, 시스템 매니저와 원활하게 소통할 수 있다. 정보 보안 시스템을 구축해야 효과적인 빅데이터 분석을 할 수 있다.

이렇듯 컴퓨터, 디지털화에 대한 이해가 없다면 미래산업에서 일을 시작하기도, 유지하기도 수월하지 않을 전망이다. 새로운 마케팅이나 물류 시스템을 기획하는 것부터 고객의 데이터를 보호해 핵심 자산을 확보하는 일까지 모든 단계에서 융합과 협력, 소통이 기본이 된다. 또한 디지털에 대해 이해하고 자유롭게 활용할 수 있어야 한다. 이제 미래를 준비하는 시대는 지났다. 4차 산업혁명이 본격적으로 일상화되는 시대다. 앞으로 맞닥뜨릴 큰 도전에 용감하게 뛰어든다면 기회가 열릴 것이라고 기대한다.

아이폰, 아이패드, 맥북 등 애플의 스마트기기는 21세기를 대표하는 IT 도구이자, 현대인의 삶에서 뗄 수 없는 필수품이다. 이러한 생활환경을 만드는 데 기여한 사람을 꼽으라면 단연 애플의 창업자 스티브 잡스를 들 수 있다.

특히 스티브 잡스를 높이 평가하는 것은 그가 가진 탁월한 기술력 때문이 아니다. 어려운 기기를 좀더 쉽게 사용할 수 있도록 창의적으로 고민한 경영자라는 점 때문이다. 한 예로 스마트기기의 화면에 손가락을 대서 사용하는 '터치스크린'은 도입 당시에는 논란이 있었지만, 그가 적극적으로 추진해 보란 듯 성공시켰다. 그 성공에는 사용자가 더욱 편리하게 사용할 수 있도록 연구한 스티브 잡스의 창의성이 뒷받침되어 있다. 이와 같이 스티브 잡스는 이용자 중심의 제품을 선보이면서 어렵게만 느껴지던 IT 기기의 대중화를 앞당기는 데 크게 기여했다. 그의 노력 덕분에 인류는 어디에 있더라도 정보에 비교적 공평하게 접근할 수 있는 디지털 민주주의 시대를 경험하게 되었다. 스티브 잡스는 진정한 의미의 21세기로 가는 문을 열었다는 평가를 받고 있다.

이렇게 놀라운 공헌을 한 스티브 잡스를 소개할 때는 흥미롭게도 기존의 위인전과 다른 표현들이 등장한다. 입양아, 대학 중퇴자, 자신이 설립한 회사에서 쫓겨난 사람, 청바지에 검은 터틀넥스웨터만 고집하는 엉뚱하고 괴팍한 사람 등. 개성이 강하고 자기주장만 내세우던 젊은 시절에는 경쟁자는 물론 동업자들에게도 환영받지 못했다는 일화를 남기기도 했다. 그래서 자신이 설립한 애플에서 쫓겨나는 굴욕을 겪기도 한 것이다. 그러나 그는 좌절하지 않고 자신의 경험을 3D 애니메이션과 그래픽 애니메이션에 적용하는 시도를 한다. 픽사를 인수해 세계적인 애니메이션 회사로 성장시킨 것이다.

이처럼 스티브 잡스에게 좌절은 어울리지 않는 단어인 듯하다. 지금까지도 명연설로 꼽히는 2005년 스탠포드 대학 졸업사의 내용에서도 이 점이 잘 드러난다. 그는 다른 사람의 의견에 휘둘리지 말고 자신의 삶을 살라고 말하면서 각자의 열정과 직관에 따라서 용기를 가질 것, 끊임없이 추구하고 멈춤 없이 시도해 자신만의 인생을 살아갈 것을 강조했다. 자신의 말을 실천하듯 스티브 잡스 역시 주변 사람들의 평가에 실망하지 않고 앞으로 나아가는 도전을 멈추지 않았다.

그의 도전에는 사업적인 면뿐 아니라 리더십을 키우는 것도 포함되어 있음을 알 수 있다. 애플에 복귀하면서 스티브 잡스는 몇 가지 변화된 모습을 보여 주었다. 독불장군식 경영방식을 줄이고 의견을 경청하며 권한을 위임하는 모습을 많이 보여 준 것이다. 물론 과거의 모습을 완전히 지웠다고는 할 수 없지만, 역경을 통해서 자신의 단점을 고쳐가고 조화로운 공동체를 이끌고자 노력한 점은 재평가할 만한 대목이다.

스티브 잡스는 오랜 암 투병 끝에 세상을 떠났다. 하지만 10여 년이 지난 지금도 그가 바꾸어 놓은 세상 곳곳에서 그를 떠올릴 수밖에 없는 순간들을 만난다. 스마트폰만으로도 스티브 잡스를 높이 평가할 만하지만, 무엇보다 그가 사용자의 입장을 누구보다 잘 이해하고 끊임없이 고민한 결과를 인류에 선물했다는 점을 빼놓을 수 없다. 스티브 잡스는 인류에게 새로운 기회를 열어주기 위해 끝없이 도전했고 마침내 성공한 IT 혁신가로서 오래 기억될 것이다.

최근 IT 분야에서 가장 주목받고 있는 사람은 괴짜 사업가로 불리는 일론 머스크다. 일론 머스크는 테슬라, 스페이스엑스의 최고경영자로 전 세계에서 가장 바쁜 기업가이자 이슈 메이커로 주목받고 있다. 그를 '괴짜'라고 부르는 것은 무모할 만큼 높은 목표를 세우는 허세 때문만이 아니다. 한번 마음을 먹으면 주변의 걱정이나 반대에 휘둘리지 않고 불도저처럼 밀고 나가는 그의 추진 방식 때문이다.

일론 머스크는 어린 시절 하루에 10시간을 독서로 보냈을 만큼 독서광으로 잘 알려져 있다. 이러한 독서는 지금 그가 다방면의 지식을 쌓는 데 기여했다는 평이 일반적이다. 특히 인공지능과 같은 첨단기술의 발전에 큰 관심과 열정을 가지고 이와 관련된 신사업을 앞장서서 추진 중에 있다. 흥미로운 점은 인공지능이 발달함에 따라서 인류에 미치는 위협적 요소를 지적한 대표적인 기업가로도 유명하다는 것이다.

이처럼 일론 머스크는 4차 산업혁명 시대를 이끌어 가는 주요 산업에 깊은 관심을 가지고 실제로 자신의 사업을 적극적으로 전개하고 있다. 지금처럼 유명해지기 전부터 그는 평범함을 거부하는 도전가였다. 23살에 지역 정보를 제공하는 회사를 세운 데 이어서 28살이던 1999년에는 온라인 은행 엑스닷컴x.com을 설립했다. 이를 통해서 이메일 주소로 송금하는 사업을 시작했다.^당 시에는 매우 혁신적인 일이었다. 이 과정에서 경쟁사와 인수합병을 해서 경쟁 비용을 낮추고 시장을 확대하는 영리한 계획을 성공시키도 했다. 이 회사가 이제는 간편결제의 대표 격이 된 페이팔이다. 일론 머스크는 기존의 거래 방식에 의문을 가지고 새로운 방식에 도전함으로써 결제 시장의 판도를 바꿔 놓은 것이다. 페이팔의 성공 덕분에 지금의 테슬라와 스페이스엑스 사업을 할 수 있었는지도 모른다.

그를 한마디로 정의하면 '쉼 없이 꿈꾸며 실천하는 도전가'라고 할 수 있다. 이전의 성공에 안주하지 않고 꾸준히 도전하는 모습이 그의 인생이기도 한 것이다. 그는 페이팔을 성공시킨 뒤 전기자동차 테슬라에 과감하게 지분투자를 해 또 다른 꿈에 동력을 불어넣기 시작했다.

자동차를 만들 때는 일반적으로 엔진에 대한 비용 의존도가 높다. 전문가들도 엔진의 성능에 따라서 자동차 전체의 가치를 평가할 정도였다. 그러나 일론 머스크는 100여 년이 넘는 자동차의 기준을 단박에 바꾸는 시도를 했다. 바로 엔진이 없는 자동차를 상용화시킨 것이다.

그때까지 자동차 회사들은 내연기관 자동차를 주요 상품으로 만들면서 전기차는 미래를 위한 보험같이 작은 규모로 만들었다. 그러나 일론 머스크의 테슬라는 오로지 전기차에 집중해서 최첨단의 기능과 디자인으로 승부를 걸겠다는 비전을 내세운 것이다. 도박이나 다름없었고 그가 장담했던 모델이 제때 출시되지 않아서 위기를 겪기도 했지만, 그는 과감한 도전으로 위기들을 극복해 시장을 놀라게 했다. 현재 그는 태양에너지 생산 기업인 솔라시티를 이끌며 전기차 기반의 생태계를 넓혀가는 데 노력하고 있다. 또한 그는 자신의 회사와 미국 LA국제공항 사이 도로의 교통정체가 극심하자 지하터널 루프를 뚫어서 혁신적인 이동공간을 만들고 있다. 루프는 자기장을 활용해 최고 240킬로미터까지 달리는 자기장고속차량으로 막히던 지상 도로를 지하로 관통하는 방식이다. 이처럼 그는 누구도 상상하지 못했던 계획을 실현해 가고 있다.

그리고 일론 머스크를 이 시대의 독보적인 도전가로 만든 사건은 바로 인류 최초의 민간 우주선을 발사했다는 점이다. 원래

우주산업은 나사NASA 같은 정부 기관에서 진행하는 것이 일반적이었다. 이는 우주개발을 하는 데 드는 비용이 거대한 규모라서 국가 차원의 지원으로만 감당할 수 있다는 고정관념 때문이었다. 그러나 일론 머스크는 재활용할 수 있는 로켓을 개발했고, 우주여행의 비용을 낮추는 첫 단추를 잘 꿰었다는 평을 얻게 되었다.

일론 머스크의 도전은 현재 진행형이다. 실제로 세간의 찬사를 받은 민간 우주선 스페이스엑스의 두 번째 도전은 잠시 멈춤에 들어섰다. 위성 발사 카운트 2초를 남기고 급작스럽게 중단하게 된 것이다. 그러나 일론 머스크를 아는 사람이라면 누구나 그것이 실패가 아니라 다음 도전을 위한 한 발 물러섬이라고 생각할 것이다. 오히려 이번 계기로 세상을 더 놀라게 할 우주산업을 준비할 것이라는 기대감이 더 커지고 있다고 할 수 있다.

이미 일론 머스크는 꿈 부자인 동시에 꿈 실천가이기도 하다는 사실을 전 세계에 증명했다. 그의 도전이 실패하기도 하고 반대에 부딪힐 수도 있다. 하지만 분명한 점은 일론 머스크는 이후로도 도전을 멈추지 않을 것이라는 사실이다.

또한 그의 도전으로 인류가 한 발짝 앞으로 나아가고 있다는 것을 부인할 수 없다. 그의 끝없는 도전을 보고 있으면 실패는 성공으로 가는 수만 가지 방법 중의 하나라는 말을 떠올리게 된다. 일론 머스크를 앞으로도 주목해야 할 이유다.

직접 해보는
진로 찾기

하고 싶은 일을 하려면 무엇을 준비해야 할까?
관심 있는 직업을 직접 조사해 보자.

나의 관심사	
나의 성격	
좋아하는 공부	
내가 되고 싶은 직업	

이 직업이 하는 일	❶
	❷
	❸
	❹
	❺

진출 분야	
필요한 능력	
해야 할 공부 및 활동	
관련 자격증	
이 직업의 롤 모델	

참고 자료

도서

- 강성구 지음, 《수소차도 전기차다》, 문운당, 2020
- 기술사랑연구회 지음, 《Basic 중학생을 위한 기술·가정 용어사전》, 신원문화사, 2007
- 김경환, 서동근 지음, 《인더스트리 5.0》, 이담북스, 2018
- 나는 미래다 방송제작팀 지음, 권용중 옮김, 《인공지능의 현재와 미래》, 보아스, 2020
- 니혼게이자이신문 데이터경제취재반 지음, 전선영 옮김, 《데이터 프라이버시》, 머스트리드북, 2020
- 비치기술거래 지음, 《4차 산업혁명시대의 자율주행 자동차 산업백서》, 비피기술거래, 2018
- 신지나 외 지음, 《소리없는 연결》, 한스미디어, 2017
- 신지나 외 지음, 《인공지능은 어떻게 산업의 미래를 바꾸는가》, 한스미디어, 2016
- 아미타 카푸어 지음, 박진수 옮김, 《사물인터넷을 위한 인공지능》, 위키북스, 2020
- 양순옥, 김성석 지음, 《사물 인터넷(IoT)》, 생능출판, 2018
- 오동희 외 지음, 《수소사회》, 머니투데이, 2019
- 이지성 지음, 《에이트》, 차이정원, 2019
- 제러미 러프킨 지음, 안진환 옮김, 《글로벌 그린 뉴딜》, 민음사, 2020
- 제리 카플란 지음, 신동숙 옮김, 《인간은 필요없다》, 한스미디어, 2015
- 조성준 지음, 《세상을 읽는 새로운 언어, 빅데이터》, 21세기북스, 2019
- 조준모 지음, 《Python으로 시작하는 빅데이터 분석 및 인공지능》, 인피니티북스, 2019

- 존 로스만 지음, 김정혜 옮김, 《아마존 웨이 사물인터넷과 플랫폼 전략》, 와이즈맵, 2018
- 클라우스 슈밥 지음, 송경진 옮김, 《클라우스 슈밥의 제4차 산업혁명》, 새로운현재, 2016
- 토니 세바 지음, 박영숙 옮김, 《에너지 혁명 2030》, 교보문고, 2015
- 페르디난트 두텐회퍼 지음, 김세나 옮김, 《누가 미래의 자동차를 지배할 것인가》, 미래의 창, 2017
- 한국산업마케팅연구소 지음, 《차세대 모빌리티 산업 분야별 시장동향과 유망기술 개발 및 기업현황》, 한국산업마케팅연구소, 2020

웹사이트

- 교육부, 진로정보망 커리어넷 www.career.go.kr

기사

- 〈데일리시큐〉, '국내 빅데이터 및 분석시장 전년대비 10.9% 증가, 2019년 1조 6,744억 원 달성', 2020.01.02.
- 〈사이언스타임즈〉, 'IoT기기, 2022년에 2.5배 증가', 2018.12.19.
- 〈이코노믹리뷰〉, '[5G상용화 6개월] 밀레니얼 세대와 결합한 사물인터넷', 2019.10.11.
- 〈한국투자증권〉, '수소경제, 수소차 너머로 수소경제가 온다', 2019.05.16.
- 〈HMG 저널〉, '완전 자율주행으로 나아가는 길', 2019.08.30.

기타

- 삼정KPMG, 연료전지시장의 현재와 미래, 삼정KPMG 경제연구원 issue Monitor 제 112호, 2018
- GRI경기연구원, 미세먼지 저감, 전기차, 수소차 어디까지 왔나, 이슈&진단 No.404, 2020.02.09.
- 유시복, 자율주행 산업최신 동향 및 자율주행 시스템 표준화 현황 KATS 기술보고서, vol 113, 2018.08.
- 이항구, 윤자영, 전기 동력, 자율주행자동차산업의 현황 및 전망, KIET 산업연구원 정책자료, 2018-322, 2018.08.

- 이형민, 자율주행 기술의 성장단계와 3가지 적용사례, IITP, 2018.05.
- 과학기술일자리진흥원, 자율주행자동차, S&T Market Report, Vol.65, 2018.12.
- 교육부, 커리어넷, 데이터 속 숨겨진 의미를 찾는 일, 빅데이터 전문가, 진로솔루션 2018. Vol.01
- 김수연, 도지훈, 김보라, 빅데이터, KISTEP 기술동향브리프, 2018-11호
- 최지영, 빅데이터분석솔루션, 한국IR협의회 산업테마, 2019-55, 2019.11.07.
- 한림ICT 정책저널, 빅데이터 기술 동향, 2015, 12, Vol.2
- 추형석 외, 'AlphaGo의 인공지능 알고리즘 분석', SPRI 이슈리포트 제 2016-002호, 2016
- 과학기술정보통신부, '2018년도 사물인터넷 산업 실태조사', 2019
- 시큐리티월드, 2020 국내외 보안시장 전망보고서, 2020
- Mckinsey&Company, Jobs Lost, Jobs Gained: Workforce Transitions Ina Time of Automation, Mckinsey GlobalInstitute, December 2017

용어 설명 출처

- 23쪽 국립국어원 우리말샘 opendic.korean.go.kr
  두산백과 www.doopedia.co.kr
  매일경제용어사전 terms.naver.com/list.nhn?cid=43659&categoryId=43659
- 24쪽 김찬환 외 지음, 《시사논술 개념사전》, 아울북, 2009
  두산백과 www.doopedia.co.kr
- 80쪽 천재학습백과 초등 소프트웨어 용어사전 koc.chunjae.co.kr
  IT용어사전 terms.naver.com/list.nhn?cid=42346&categoryId=42346

사진 출처

- 30쪽 [2016] Intuitive Surgical, Inc. / Wikipedia.org
- 58쪽 Stanislav Briushkov / Shutterstock.com
- 63쪽 Sounder Bruce / Wikipedia.org
- 70쪽 Loocid / Shutterstock.com
- 101쪽 Chu / Wikipedia.org
- 110쪽 Stockr / Shutterstock.com
- 123쪽 Seo byeong gon / Shutterstock.com
- 141쪽 Grendel khan / Wikipedia.org

· · 150쪽 HMG저널 / News.hmgjournal.com
· 175쪽 Sven / Wikipedia.org
· 198쪽 김영은 / 무료 이미지

교과 연계

▶ 중학교 ——————————————————————

찾아보기

빅데이터로 직업을 고른다면

초판 1쇄 2020년 10월 20일
초판 6쇄 2023년 4월 23일

지은이 신지나

펴낸이 김한청
기획편집 원경은 차언조 양희우 유자영 김병수 장주희
마케팅 현승원
디자인 이성아 박다애
운영 최원준 설채린

펴낸곳 도서출판 다른
출판등록 2004년 9월 2일 제2013-000194호
주소 서울시 마포구 양화로 64 서교제일빌딩 902호
전화 02-3143-6478 팩스 02-3143-6479 이메일 khc15968@hanmail.net
블로그 blog.naver.com/darun_pub 인스타그램 @darunpublishers

ISBN 979-11-5633-302-9 44000
ISBN 979-11-5633-250-3 (세트)